RÜCKENPROBLEME
BEI PFERDEN

RÜCKENPROBLEME BEI PFERDEN

VORBEUGEN

ERKENNEN

BEHANDELN

von

Anke Rüsbüldt

CADMOS
PFERDEBÜCHER

Cadmos Verlag GmbH Lüneburg
Copyright © 1999 by Cadmos Verlag
Gestaltung: Ravenstein Brain Pool
Titelfoto: Angelika Schmelzer
Druck: Grindeldruck, Hamburg
Printed in Germany

ISBN 3-86127-335-7

INHALT

DANKSAGUNG

Ich bedanke mich beim Verlag für die Geduld und das dargebrachte Vertrauen. Außerdem bei all denen, die dafür gesorgt haben, daß dieses Buch mit Bildern erscheint. Dies sind im einzelnen meine Freundin Ann Katrin Würtz, mein Kollege Doktor Werner Jahn aus Bargteheide, Herr Emil Jung aus Nehmden und Frau Zachara aus Hamburg. Allen an meiner Ausbildung und den Bildern mitwirkenden Pferden danke ich außerdem. Großer Dank gebührt Herrn Doktor Jeffcott aus Cambridge, ohne dessen Einsatz in der Diagnose und Behandlung von Rückenproblemen viele heutige Kenntnisse verborgen geblieben wären.

Denjenigen, die mir trotz der vorweihnachtlichen angespannten Tipp-Phase ihre Freundschaft erhalten haben, danke ich auch. Geschenke gibt's später.

Einige Worte zuvor

Rückenprobleme beim Pferd sind ein sehr komplexes und aktuelles Thema. Scheinbar oder tatsächlich nehmen derartige Probleme und das Interesse an ihnen ständig zu. Sowohl Freizeitpferdefreunde als auch Sportreiter haben hier Schwierigkeiten in unterschiedlichen Abstufungen: die einen mögen das befreundete Pony nicht leiden sehen, die anderen können ihr Sportgerät nicht wie gewohnt einsetzen.

In der veterinärmedizinischen Wissenschaft wird das Gebiet der Rückenkrankheiten der Pferde in den letzten Jahren ebenfalls mit sehr viel Aufmerksamkeit beachtet und erforscht. Es gibt in der internationalen Literatur diverse Arbeiten und hier in Deutschland eigene Tagungen für Tierärzte ausschließlich mit diesem Thema.

Ich bin der festen Überzeugung, daß gerade im Hinblick auf Rückenprobleme Information der Reiter es den Pferden viel leichter macht. Das wäre dann auch schon das erklärte Ziel dieses Buches: Ihnen zu helfen, den Ursachen der speziellen Probleme Ihres Pferdes auf die Spur zu kommen, die Rückenprobleme erfolgreich zu bekämpfen und gemeinsam mit Ihrem Pferd (wieder) Spaß an der Arbeit zu finden. Könnten Pferde lesen, umblättern und hätten sie darüberhinaus Geld, um Bücher zu kaufen, wäre dies ein Pferdebuch; so wähle ich den Umweg und schreibe ein Reiterbuch für Pferde - Sie müssen es nicht vorlesen, aber bitte lesen Sie aufmerksam und seien Sie bereit, auch eigene Fehler zu sehen.

Im Laufe dieses Buches werden Sie erfahren, wie so ein Pferderücken aufgebaut ist und funktioniert, was wir tun können, damit er uns leicht tragen kann, und wie wir fürs Pferd erträglich werden. Sie werden verschiedene Ursachen der Rückenprobleme vorgestellt bekommen und hoffentlich dem Problem Ihres Pferdes auf die Schliche kommen.

Darüber hinaus werden Sie etwas lesen über verschiedene Behandlungsmöglichkeiten. Bestehen bereits Probleme, bekommen Sie Informationen über die Erholungsphase, aufbauende Arbeit und schließlich Einsatzmöglichkeiten Ihres Pferdes. Über die Hälfte aller heute bei Pferden bestehenden Rückenprobleme sind vollständig lösbar, zugegeben mit ein wenig zielgerichtetem Bemühen, aber immerhin. Alle bestehenden Rückenprobleme sind im Hinblick auf die Nutzung und das Wohlfühlen des Pferdes verbesserungswürdig und besserbar.

An einigen Stellen im Text werden Formulierungen wie „Ihr Tierarzt" oder „Ihr Reitlehrer" gebraucht. Das hat nichts mit Sklaverei zu tun, sondern meint den Tierarzt oder Reitlehrer, dem Sie vertrauen und der Ihr Pferd behandelt oder reitet. Diese Person kann natürlich gerne auch weiblich sein, ein wiederkehrendes „Ihr Tierarzt oder Ihre Tierärztin" erspare ich Ihnen und mir. Ein Zusammenhang zwischen Geschlecht und Qualifikation ist weder bei Tierärzten noch bei Reitlehrern nachweisbar.

Mehrfach im Text wird als Symptom oder als Ursache von Verhaltensauffälligkeiten der Begriff Schmerz benutzt. Daß es Schmerz bei Tieren gibt, wird zum Glück heute nicht mehr angezweifelt. Meßbar ist seine Intensität jedoch nicht. Zweifellos haben Pferde ein anderes Schmerzempfinden als wir. Diverse wissenschaftliche Arbeiten versuchen dem Phänomen Schmerz beim Tier auf die Schliche zu kommen. Zum Teil wird der Gehalt an Streßhormonen im Blut gemessen und zum Teil werden verschiedene Verhaltensmodi mit Zahlenscores bewertet. Mir ist es für dieses Buch egal, welche Intensität ein Schmerz besitzt. Vom Unwohlsein zu starkem Schmerz wird immer nur der Begriff Schmerz verwandt, wo der subjektive Eindruck entsteht, daß dem Pferd etwas weh tut.

Dazu kommt, daß es ja nicht der Schmerz ist, den wir als Symptom sehen, sondern die Abwehrreaktion oder den Leistungsrückgang. Pferde haben offensichtlich eine individuell unterschiedliche Empfindung und Leidensbereitschaft. Eines zeigt trotz geringgradiger Rückenschmerzen konstante Leistungen, ein anderes zeigt einen Leistungsrückgang aufgrund anderer Umstände. Das eine Pferd empfindet eine dünne Injektionsnadel als Anschlag auf sein Leben und verhält sich entsprechend, ein anderes Pferd scheint den Einstich gar nicht zu bemerken (wenigstens nicht während es frißt). Dazu verleiht ein Pferd jedem Unmut schlagkräftig Ausdruck, wohingegen ein anderes den gleichen Unmut freundlicherweise überspielt. Wer sein Pferd kennt, kann ihm Schmerz im Gesicht ansehen. Ich hoffe, Sie sehen das Schmerzgesicht Ihres Pferdes selten.

ERFAHRUNGEN UND ERWARTUNGEN

Es ist müßig, zu diskutieren, ob Pferde sich überhaupt dafür eignen, geritten zu werden. Praktisch reiten wir auf ihnen und haben eine Menge Spaß dabei. Genaugenommen gibt es Pferde heute nur noch, weil der Mensch sie nutzt.

Trotzdem sollten wir uns fragen, worauf wir da sitzen und ob es nicht möglich ist, Haltung und Nutzung so auszurichten, daß auch das Pferd Spaß hat. Es ist dann in aller Regel auch erfolgreicher und weniger krank (was wieder uns Spaß macht).

Pferde oder deren Vorfahren gibt es auf der Erde seit 50 Millionen Jahren (fünfzig Millionen, etwa 1000mal solange wie Menschen). In dieser Zeit haben Pferde ganz allmählich unglaubliche Anpassungsleistungen an ihre Umwelt vollbracht. Sie sind vom nur etwa 30 cm hohen Eohippus (mit leicht nach oben gewölbtem Rücken, nur um beim Thema zu bleiben) über viele Zwischenstufen und Tausende von Jahren zum schnellen, einhufigen und 1,30 m großen Steppentier geworden. Angepaßt an seine Umwelt ist es vom Allesfresser zum reinen Vegetarier geworden, sogar Eiszeiten hat es überlebt. Nur recht und billig erscheint es zu erwarten, daß es auch in der Lage sein sollte, sich an uns zu gewöhnen.

In den letzten fünftausend Jahren sind die Lebensbedingungen für Pferde zunehmend vom Menschen bestimmt worden. Es ist für uns Nahrungs- und Beutetier gewesen, ohne sich hierfür speziell anpassen zu müssen. Mit der Nutzung als Zug- und Lasttier waren dann jedoch Leistungen erwünscht, die zuvor nicht gebraucht wurden.

Im Laufe der Jahre wurden Pferde selektiert, die sich zum Reiten eignen. Schläge, die ausschließlich zum Ziehen von leichten Wagen oder schwerem Ackergerät geeignet sein sollten, wurden außerdem gebraucht.

Alles hat das Pferd mitgemacht. Nicht unbedingt aus freien Stücken, aber immerhin. Menschen benötigten kleine Grubenpferde ebenso wie elegante Reittiere, wie schwere Zugtiere und Fleischlieferanten. Letzteres liest sich hier in Deutschland, wo der Pferdefleischkonsum vergleichsweise gering ist, etwas ungewohnt. Ein Blick auf typisch französische Rassen wie den Percheron kann diese Tatsache jedoch verdeutlichen.

Pferde haben sich in relativ kurzer Zeit an all diese verschiedenen Erfordernisse angepaßt. Sie sind heute noch dabei. Dies ist insofern wichtig, weil uns klar sein muß, daß der Pferderücken in erster Linie nicht dem Tragen von Gewicht diente. Zu einem Rücken, der hierzu in der Lage ist, hat er sich entwickelt. Zebras zum Beispiel haben diese Eigenschaften nicht entwickelt und sind zum Reiten nicht geeignet, auch wenn sie sich im Exterieur von manchem Pony weniger unterscheiden als der Zwergesel vom Warmblüter. Für die „unnatürliche" Beanspruchung durch Reiten muß ein Pferderücken geschult und trainiert werden. Züchterisch kann man heute auf Reiteigenschaften und Exterieurmerkmale bewußt selektieren, so daß es mit der Zeit (so in weiteren 1000 Jahren) noch besser dem Gerittenwerden angepaßte Pferde geben könnte. In einigen Rassen selektiert man bis heute nur nach Schönheit oder Leistung, hier ist ein Fortschritt in der Rittigkeit nicht unbedingt zu erwarten. Züchtet man darüber hinaus mit den Pferden, die aus Krankheitsgründen eher aus dem aktiven Sportlerleben ausscheiden, wird eine dauerhafte Verbesserung der Rasse auch nicht möglich sein, aber das nur nebenher.

Heute gibt es reitbare Pferde in Größen von 80 cm Stockmaß bis über 180 cm Stockmaß in nahezu allen gewünschten Formen und Farben.

Haben wir nun ein Pferd in der von uns gewünschten Form, Größe und Farbe gefunden, erwarten wir, daß es auch unsere Träume vom Reiten erfüllt. Eine ganz wichtige Voraussetzung hierfür ist, daß wir unsere Fähigkeiten und die angestrebte Nutzung richtig einschätzen. Pferd, Reiter und Nutzung müssen zusammenpassen, andernfalls sind Probleme vorprogrammiert. Wer ohne entsprechendes reiterliches Können ein weit ausgebildetes Pferd reiner spanischer Rasse kauft und ohne Hilfe zu reiten versucht, produziert ein Rückenproblem beim Pferd und erhebliche Frustrationen bei sich. Ebenso geht es bei Hütepferden im Springsport, Gangpferden in der klassischen Dressur, großen Warmblütern im Cutting, Trabern im Hindernissport und so weiter. Diese Beispiele gibt es alle, und ich habe derartige Paare vor Augen.

Natürlich gibt es sie auch, die in fremden Sparten zum Teil sogar sehr talentierten Pferde. Ebenso soll niemand seinen Freund verkaufen, weil er Interesse für eine neue Reitweise entwickelt. Wer beim Pferdekauf seine Ansprüche realistisch einschätzt und ein hierfür passendes Tier erwirbt, hat es leichter. Die Pferde haben es dann auch leichter. Ausdrücklich sei darauf hingewiesen, daß hier echte Leistungen gemeint sind, Hineinschnuppern in andere Reitereien tut vermutlich jedem gut, auch den Pferden.

Zudem gibt es echte Allrounder, die sich auf dem Wanderritt so selbstverständlich bewegen wie im Viereck, über dem Sprung und in einer barocken Vorführung. Derartige Pferde beeindrucken häufig mehr als hohe Leistungen von Spezialisten.

Zum Realismus noch ein Satz: Jedes Pferd hat Fehler (wie wir ja auch). Über mancher Stalltür steht: „Wer Pferde ohne Fehler sucht und Frauen ohne Mängel, hat nie ein gutes Pferd im Stall und nie im Bett ´nen Engel". Trotzdem gibt es nach wie vor über Jahre miteinander zufriedene Pferde-Reiter-Paare, und auch Ehen werden immer wieder geschlossen.

Ein wenig Toleranz dem Partner gegenüber scheint angebracht. Hat man nun immer alles richtig gemacht und trotzdem ein Pferd mit Rückenproblem, muß man diesem auf den Grund gehen. Es gibt einen, bestimmt. Pech spielt natürlich auch eine Rolle, aber der „sture Bock", der kaputt ist und einem neuen weichen muß, ist zum Glück nicht die Regel.

SYMPTOMENKOMPLEX RÜCKENPROBLEME

Das Wort Rückenprobleme ist bewußt weit gewählt und zeigt den Willen, sich mit all dem auseinander zu setzen, was tatsächlich im Bereich des Rückens Probleme bereitet. Anzeichen für Rückenprobleme sind ebenso vielfältig wie Auslöser derselben.

SYMPTOME ZU BEGINN

Zu Beginn fällt eventuell nur eine gewisse Arbeitsunlust auf. Zum Beispiel erhöhte Triebigkeit, mangelnde Biegung, schnelle Erschöpfung, Stalldrang, oder das Pferd will sich nicht einfangen lassen.

Vielleicht zeigen sich auch bereits echte Schwierigkeiten: Das Pferd läßt sich nicht auftrensen oder nicht satteln. Es steigt beim Angurten oder geht in die „Knie". Es dreht sich beim Aufsitzen. Es schlägt andauernd mit dem Kopf oder am anderen Ende mit dem Schweif.

In der Arbeit beginnen die Probleme mit einem mangelnden Herantreten an die Hand, dem nicht Nachgeben im Genick, dem Verweigern der Biegung. Oder deutlicher, nicht „Hergeben" des Rückens, nicht Untertreten in den Seitengängen, Schwierigkeiten beim Angaloppieren, Landen nach dem Hindernis immer mit demselben Fuß.

Im Stall und auf der Weide fällt möglicherweise ein gewisser Mißmut auf, die anderen werden häufiger gezwickt und die Toleranz nimmt ab. Das Pferd wälzt sich nicht mehr oder legt sich nicht mehr hin. Berührt man sein Pferd bewußt am ganzen

Körper, kann man auch Verspannungen und Unwohlsein ertasten, aber ehrlich, wer tut das im normalen Alltag?

Alle diese Dinge können auf beginnende oder vorhandene Rückenprobleme hinweisen und alle diese Dinge werden leicht übersehen. Es sind im Prinzip ja nur Kleinigkeiten, die normalerweise auch mal vorkommen. Tage mit „kein Bock"-Stimmung kennen wir auch. Ein, zwei schlechte Tage mit ein, zwei dieser Symptome sind normal. Meistens wird man aufmerksam und betrachtet dann rückwärts: Hast Du ihn mal liegen gesehen? Das macht der jetzt schon die ganze Woche! Jetzt reicht's mir aber langsam ...

Hierfür kann es natürlich auch noch andere Gründe geben, aber Aufmerksamkeit ist angebracht, das hat mit verhätscheln nichts zu tun, eher mit Sensibilität.

SYMPTOME SPÄTER

Der Teufelskreis hat begonnen: Das Pferd hat ein Problem und macht sich fest in der Annahme, sich dann weniger weh zu tun. Wir ärgern uns, machen uns auch fest und halten dagegen. Das Pferd wehrt sich und wir weisen es zurecht. Hinterher ist das Problem schlimmer geworden, aber wir können es aktiv mitempfinden, schließlich tut das eigene Kreuz auch weh und vom vielen Ärgern ist der eigene Nacken verspannt.

Symptome sind erhebliche Abwehr beim Satteln und Trensen, Buckeln, Steigen, sich

Weigern auf einer Hand oder in einer Gangart zu gehen.

Einige Pferde geben auch auf und sind in diesem Stadium wieder gut zu handhaben. Weil wehren weh tut (gibt Haue), weil man sich ja benehmen muß (hat man gelernt) oder aus Resignation (die Alte da oben begreift es doch nicht). Hier werden Probleme dann leichter übersehen.

SYMPTOME ZU SPÄT

Das Pferd läßt sich weder satteln noch reiten. Von diesem Stadium aus dauert die Rekonvaleszenz lange. Dazu hat das Pferd in aller Regel das Vertrauen in den Reiter verloren und umgekehrt. Das ist natürlich unbedingt zu vermeiden.

WAS WIR SELBER ERKENNEN KÖNNEN

Sie haben nun den Verdacht, daß Ihrem Pferd etwas weh tut, die Boxennachbarin lacht Sie aus und nur für so was einen Tierarzt anrufen „lohnt ja nicht". Gucken Sie Ihr Pferd also erst einmal genauer an. Stellen Sie sich und das Pferd entspannt auf ebenen Boden. Am besten so, daß Sie beide nicht zuviel abgelenkt werden. Nehmen Sie sich Zeit. Fragen Sie sich, wann es angefangen hat, und spielen Sie in Gedanken mögliche Zusammenhänge durch. Betrachten Sie dabei, wie Ihr Pferd dasteht. Entlastet es ein Hinterbein und wechselt dabei mit den Hinterbeinen immer mal ab? Wie sehen die Hufe aus? Gehen Sie mit etwas Abstand um das Tier herum. Ist Ihr Pferd symmetrisch? Und gleichmäßig bemuskelt?

Gehen Sie zu Ihrem Pferd und fassen es an. Tasten Sie über die Wirbelsäule und fühlen die Spitzen der Dornfortsätze. Tasten Sie auf beiden Seiten der Wirbelsäule die Muskulatur ab, fühlen Sie Verhärtungen? Stellen Sie sich hinter Ihr Pferd (achten Sie bitte auf Ihre Sicherheit, ich hänge an meinen Lesern und Sie werden noch gebraucht) und fassen den Schweif mit beiden Händen an der Schweifrübe an. Bewegen Sie ihn. Legen Sie ihn nach rechts und links und nehmen Sie ihn nach oben. Nur wenn das alles problemlos geht, ziehen Sie an der Schweifrübe. Beobachten Sie die Reaktion der Kruppenmuskulatur.

Lassen Sie den Schweif los.

Stellen Sie sich seitlich neben Ihr Pferd und drücken mit den Fingerspitzen leicht an der tiefsten Stelle in der Mitte unter den Bauch, beobachten Sie hierbei die Oberlinie.

Testen Sie die Beweglichkeit der Halsmuskulatur (Leckerli links und rechts in der Gurtlage überreichen). Dreht das Pferd den Kopf oder sich? Nehmen Sie einen Kugelschreiber und fahren Sie etwa vier Finger breit neben der Wirbelsäule rechts und links vom Schweif zum Widerrist; was passiert? Drücken Sie im Kreuzbeinbereich drei Finger breit neben der Wirbelsäule seitlich gegen Ihr Pferd. Lassen Sie sich Ihr Pferd auf festem, ebenem Boden im Schritt vorführen und vortraben. Derjenige, der so nett ist, für Sie zu laufen, soll mit etwas Abstand neben dem Pferd laufen und den Strick locker halten. Anschließend nehmen Sie Ihr Pferd an die Longe und lassen es auf jeder Hand traben und galoppieren.

Haben Sie bei diesen Dingen bereits Schwierigkeiten, dann tut Ihrem Pferd wirklich etwas weh. Möglicherweise drücken Sie sich auch unklar aus, oder die Grunderziehung war noch nicht abgeschlossen.

Sie haben jetzt viel getan und viel beobachtet. Kommen wir dazu, was sein soll und was Bestätigung dafür ist, daß Sie sich nichts einbilden.

Ihr Pferd sollte aufrecht vor Ihnen stehen und alle vier Beine gleichmäßig belasten. Es darf gerne hinten abwechselnd in Entlastungshaltung gehen.

Schön ist, wenn Ihr Pferd annähernd symmetrisch ist und etwa gleichmäßig bemuskelt. Es gibt zum Beispiel bei Schwierigkeiten im Hinterbein manchmal die sogenannte Muskelatrophie der Kruppenmuskulatur. Die eine Kruppe sieht dabei von hinten flacher aus als die Kruppe der anderen Seite. Genauso gibt es dieses Phänomen am Rücken selbst, an der Schulter, am Oberarm und Oberschenkel.

Die ertasteten Dornfortsätze sollen fühlbare Abstände zwischen sich haben und beim Abtasten sollte kein Druckschmerz entstehen. Der Schweif muß frei beweglich sein und beim Zug an der Schweifrübe soll sich die Kruppenmuskulatur beider Seiten straffen und abflachen. Greifen Sie wie beschrieben unter den Bauch, hebt die Oberlinie Ihres Pferdes sich um mehrere Zentimeter. Der Hals soll frei beweglich sein, so daß Ihr Pferd spielend die in der Gurtlage gereichten Leckerchen erreichen kann, ohne die Füße zu bewegen.

Beim Kugelschreibertest sollte Ihr Pferd leicht ausweichen. Gerade stehen bleiben ist nahezu ebenso unschön wie heftige Ausweichbewegungen. Dem Druck neben der Wirbelsäule kann nachgegeben werden, geht Ihr Pferd jedoch in die Knie, kann auch das ein schlechtes Zeichen sein.

Beim Vorführen sollten Sie eine gleichmäßige geschmeidige Bewegung sehen und einen gleichmäßigen Takt hören. An der Longe sollte Ihr Pferd sich freiwillig biegen und ohne Schwierigkeiten angaloppieren. Tut es dies auf einer Hand nicht, ist das auch ein deutliches Anzeichen für ein Problem. Das Rückwärtsrichten geht im Idealfall leicht und gleichmäßig.

Ist Ihnen bei all diesen Betrachtungen nichts Außergewöhnliches an Ihrem Pferd aufgefallen und haben Sie nur ab und an leichte Schwierigkeiten, dann sprechen Sie zunächst mit Ihrem Reitlehrer und natürlich Ihrem Pferd.

Haben Sie dagegen mehrere Befunde erhoben, ist es durchaus an der Zeit, einen Tierarzt zu Rate zu ziehen. Er wird Ihnen aufmerksam zuhören und Ihre Untersuchungen wiederholen. Das ist kein Mißtrauen in Ihre Beobachtungsgabe, sondern das Bemühen, sich selbst ein möglichst vollständiges Bild zu machen. Zusätzlich wird er sich eventuell Ihren Sattel und Ihr Zaumzeug zeigen lassen, Sie nach Fütterung und Nutzung Ihres Pferdes fragen, Sie vorreiten lassen und weiterführende Untersuchungen vornehmen (Zahnkontrolle, Beugeproben, Blutbild, Röntgen). Freuen Sie sich, daß er sich Zeit nimmt, und sagen Sie ihm alles, was Sie für wichtig halten. Versuchen Sie so ehrlich wie möglich auf seine Fragen zu antworten (wenn Sie zum Beispiel glauben, daß das Springtraining vom Montag damit ja nichts zu tun haben kann, erwähnen Sie es auf die Frage nach der Nutzung trotzdem, ob es wichtig ist, kann Ihr Tierarzt besser beurteilen.

WAS DER TIERARZT ERKENNEN KANN

Zur Diagnosestellung durch Ihren Tierarzt gehört immer ein sehr gründlicher Vorbericht, der sich aus den Dingen zusammensetzt, die Sie für wichtig halten und berichten können, und ergänzt wird durch Ihre Antworten auf gezielte Nachfragen Ihres Tierarztes. Anschließend muß das Pferd genau angesehen und abgetastet werden. Daß Ihr Tierarzt eine Untersuchung des Kreislauf- und Atmungsapparates vornimmt, dient der Vollständigkeit seiner Untersuchungen. Sie sind dann sicher, daß Unwilligkeit und Leistungsabfall nicht an etwas anderem liegen, beispielsweise einer Bronchitis.

In vielen Fällen wird Ihr Tierarzt das Pferd auch rektal untersuchen. Er kann so den Beckenknochen, die Wirbelsäule von unten, die innere Lendenmuskulatur und bei Stuten zusätzlich Gebärmutter und Eierstöcke ertasten und beurteilen. Mit bestimmten Griffen wird Ihr Pferd dazu veranlaßt, den Rücken einmal aufzubiegen und einmal durchzubiegen. Auch die seitliche Biegung wird provoziert. So sind Beweglichkeit und Schmerzhaftigkeit beurteilbar. Sie werden Ihrem Tierarzt das Pferd an der Hand vorführen, an der Longe zeigen und vorreiten müssen. Eventuell wird Ihr Tierarzt darum bitten, das Pferd selber reiten zu können, oder es noch einmal unter einem anderen Reiter sehen wollen. Alle diese Untersuchungen sind sinnvoll und sollten von Ihnen unterstützt werden.

Die gründliche Untersuchung der Zähne kann eventuell nur mit einer leichten Betäubung Ihres Pferdes vorgenommen werden. Wenn das so ist, liegt es an Ihrem Pferd oder dessen Erziehung und nicht an der Feigheit des Tierarztes. Er hat ein Recht auf körperliche Unversehrtheit und das verständliche Bestreben, wenn er mit zehn Fingern gekommen ist, auch alle zehn wieder mit nach Hause zu nehmen. Wenn Probleme vorhanden sind, müssen die Zähne untersucht werden, ein kurzer Blick auf die Schneidezähne reicht nicht aus.

Eine vollständige Blutuntersuchung einschließlich eines biochemischen Profils sollte auch durchgeführt werden. Hier können einige andere Ursachen des Problems ausgeschlossen und Informationen zur speziellen Diagnose gefunden werden. Besonders eine Untersuchung der muskelspezifischen Enzyme gibt einigen Aufschluß. Eventuell werden zur Untersuchung von Muskelerkrankungen diese Enzyme zu verschiedenen Zeitpunkten bestimmt: einmal zu Beginn in der Ruhe, dann unmittelbar nach einer etwa zwanzigminütigen Belastung und noch einmal am darauffolgenden Tag. Schön wäre, wenn Ihr Pferd sich die Blutentnahme ohne heftige Abwehrreaktionen gefallen ließe, andernfalls können Streß und Bewegung die Ergebnisse verfälschen.

Abschließend werden Sie ein vollständiges Bild von den Problemen Ihres Pferdes haben und Behandlungs- und Lösungsvorschläge zu hören bekommen. Versuchen Sie diese anzunehmen. Häufig ist der Auslöser des Problems auch der Sattel, oder noch unangenehmer zu hören, der der darin sitzt. Das rachsüchtige Erschießen des Tierarztes, der es wagt, Ihnen dies zu sagen, ändert daran nichts. Möglicherweise haben Sie ja auch gemeinsam einen Auslöser für ein sekundäres Rückenproblem gefunden, der sich leicht abstellen läßt (Zähne) oder zumindest auf eine Behandlung bald anspricht. Oder Sie mußten ein primäres Problem erkennen und haben nun Möglichkeiten, dagegen zu intervenieren. Dazu in späteren Kapiteln.

ANATOMIE UND FUNKTION DES PFERDERÜCKENS

Um Zusammenhänge verstehen zu können, benötigen wir zunächst einiges an Informationen. Betrachten wir also die knöchernen, bandhaften und muskulären Strukturen des Rückens und deren Funktionen.

Zugegeben erfordert es etwas Zeit und Mühe, sich hier hineinzudenken. Sie müssen kein Schnellstudium der Veterinärmedizin absolvieren und nicht zwingend Rückenexperte werden, aber ein wenig Grundlageninformation ist hilfreich. Ich werde mich bemühen, verständlich und übersichtlich zu bleiben. Helfen Sie sich mit den beigefügten Zeichnungen. Es werden Begriffe wie oben und unten verwendet. Stellen Sie sich das Pferd aufrecht stehend vor und Sie kommen nicht durcheinander.

Darstellung eines Wirbels, schematisch

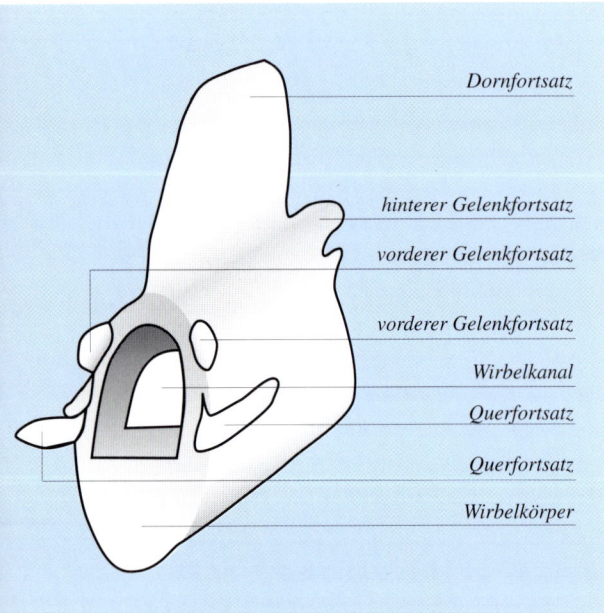

Dornfortsatz

hinterer Gelenkfortsatz

vorderer Gelenkfortsatz

vorderer Gelenkfortsatz

Wirbelkanal

Querfortsatz

Querfortsatz

Wirbelkörper

KNÖCHERNE GRUNDLAGE

Knöcherne Grundlage ist das Stammskelett. Hierzu zählen die Wirbelsäule selbst, die Rippen und das Brustbein.

Dies alles ist zwischen Vorder- und Hintergliedmaße ähnlich einer Hängebrücke aufgehängt.

Die Wirbelsäule unterteilt man in Halswirbelsäule, Brustwirbelsäule, Lendenwirbelsäule, Kreuzbein und Schwanzwirbel. Die Wirbelsäule besteht mit Ausnahme des Kreuzbeines aus einzelnen Wirbeln, die einander ähnlich aufgebaut sind (auch wenn sie zum Teil sehr unterschiedlich aussehen). Jeder Wirbel hat einen Wirbelkörper, der nach vorne gewölbt, nach hinten ausgehöhlt erscheint. Die einzelnen Wirbel liegen jeweils durch eine Bandscheibe getrennt aneinander. Über dem Wirbelkörper befindet sich der Wirbelbogen, eine Art Torbogen, durch den das Rückenmark zieht. An diesem Wirbelbogen finden sich jeweils vorne und hinten und jeweils rechts und links insgesamt vier Gelenkfortsätze, die die einzelnen Wirbel gelenkig miteinander verbinden. Diese kleinen, im Röntgenbild nicht oder schwierig darstellbaren Gelenke werden uns später noch mehr beschäftigen.

Dazu hat jeder Wirbel nach oben, also vom Wirbelbogen ausgehend, einen Dornfortsatz. Wie wir sehen werden, sind die Dornfortsätze sehr unterschiedlich geformt. Sie sind der tastbare und röntgenologisch gut

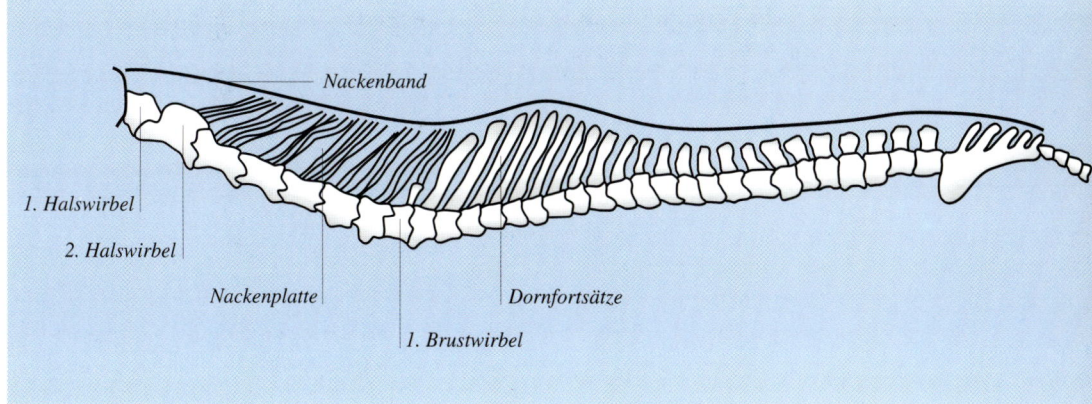

Darstellung der Wirbelsäule, schematisch

darstellbare Teil der Wirbelsäule. Dazu haben Wirbel noch Querfortsätze, die Sie bei mageren Pferden im Halswirbelsäulenbereich auch ertasten können. An der Brust- und Lendenwirbelsäule gibt es noch jeweils rechts und links einen Fortsatz mehr. Natürlich ist diese Darstellung vereinfacht, jede Fläche, jeder Teil, jeder Fortsatz und jede Öffnung (Durchtrittsstellen für Nerven und Blutgefäße) hat einen schönen lateinischen Doppelnamen und diverse Besonderheiten, die wir hier der Übersichtlichkeit halber einsparen (kein Schnellstudium).

Die Halswirbelsäule besteht aus sieben einzelnen Halswirbeln unterschiedlicher Form. Sie besteht im übrigen bei allen Säugetieren mit Ausnahme der Seekuh (sechs) und des dreizehigen Faultieres (acht oder neun) aus genau sieben Halswirbeln (auch bei der Giraffe!). Die ersten beiden Halswirbel haben eigene Namen, sie heißen Atlas und Axis. Der erste Halswirbel, der Atlas, hat in dem Sinne keinen Wirbelkörper, sondern ist eine Art Ring mit zwei Flügeln. Er ist gelenkig verbunden mit dem Hinterhauptsbein, einem Teil des Schädels. Der zweite Halswirbel, der Axis, greift mit einem sogenannten

Zahn in den Atlas. Beide gemeinsam sorgen dafür, daß das Pferd nicken und mit dem Kopf schütteln kann. Zugegebenermaßen ist dies für Leute, die keine Zirkuskunststückchen einüben wollen, nicht wirklich wichtig, aber auch die schöne Biegung beim „durchs Genick gehen" könnten die Pferde ohne diese Konstruktion nicht zeigen. Die Halswirbel drei, vier, fünf, sechs und sieben werden nach hinten hin jeweils etwas kürzer. Nur der siebte Halswirbel besitzt einen deutlichen Dornfortsatz.

Die Halswirbelsäule liegt im übrigen nicht oben im Hals, sondern zieht vom Genick an, wo sie unter der Haut ertastbar ist, ins untere Halsdrittel. Das ist seitlich am Hals auch tastbar (bei dicken und gut bemuskelten Pferdehälsen nicht so gut). Am Brustkorbeingang und am Übergang zur Brustwirbelsäule liegt die Wirbelsäule im unteren Drittel des Halses. Tastbar sind erst am Widerrrist wieder Dornfortsätze der Brustwirbel.

Die Brustwirbelsäule besteht aus achtzehn, manchmal auch neunzehn (Araber) oder nur siebzehn Wirbeln. Auffallend sind die an den Brustwirbeln langen Dornfortsätze.

Diese Dornfortsätze werden kontinuierlich vom siebten Halswirbel bis zum vierten oder fünften Brustwirbel länger. Anschließend werden sie bis etwa zum elften Brustwirbel wieder flacher. Ab dem dritten Brustwirbel sind die Dornfortsätze ertastbar (Widerrist). Über den Dornfortsätzen gibt es beim jungen Pferd Knorpelkappen, die einen eigenen Verknöcherungskern haben und auch noch sehr spät verknöchern können. Für die spätere Betrachtung von Röntgenbildern ist das wichtig. Die Dornfortsätze der ersten Brustwirbel sind nach hinten geneigt. Diese Neigung wird zunehmend steiler und kehrt sich im hinteren Brustwirbelbereich um. Etwa ab dem dreizehnten Brustwirbel sind die Dornfortsätze bis zum Kreuzbein nach vorne geneigt. Das ist für die Funktion des Rückens und die Tragfähigkeit immens wichtig.

Die kleinen Gelenke zwischen den einzelnen Wirbeln liegen im vorderen Brustwirbelbereich tangential zum Wirbelbogen, hier ist seitliche, drehende und Auf- und Ab-Bewegung möglich. Im hinteren Brustwirbelbereich und an den Lendenwirbeln liegen diese Gelenkflächen sagittal und lassen so im Prinzip nur Aufwölben und Durchbiegen als Bewegung zu.

Jeder Brustwirbel ist mit einem Rippenpaar verbunden. Die Rippen und das Brustbein sind Teile des Stammskelettes. Als Rippen bezeichnet man nur den oberen knöchernen Anteil dieser Verbindung der Wirbelsäule zum knöchernen Brustbein. Zwischen den Rippen und dem Brustbein liegt der Rippenknorpel. Die Knorpel der hinteren zehn Rippen verwachsen auf dem Weg zum Brustbein zum sogenannten Rippenbogen. Die Lendenwirbelsäule besteht in der Regel aus sechs einzelnen Wirbeln,

selten auch aus sieben oder fünf. Die Beweglichkeit in diesem Bereich ist durch eine enge Verzahnung der Wirbel ziemlich stark eingeschränkt. Das ist wichtig, weil so eine Stabilität entsteht, die in der Lage ist, Schubkräfte aus der Hinterhand aufzunehmen und zu übertragen.

Das Kreuzbein besteht aus fünf vollständig miteinander verwachsenen Wirbeln. Eine Beweglichkeit ist somit gar nicht mehr vorhanden, dafür gewinnen wir Stabilität. Der Prozeß des miteinander Verwachsens ist etwa fünfjährig abgeschlossen (Rasseunterschiede!). Die Dornfortsätze zeigen in diesem Bereich nun wieder nach hinten.

Die Schwanzwirbel bilden das Ende der Wirbelsäule. Normalerweise sind zwischen fünfzehn und zwanzig Wirbel beteiligt. Es gibt aber im Hinblick auf Zahl und Gestalt erhebliche (unbedeutende) Unterschiede. Einigen Rassen werden darüber hinaus traditionell die Schwänze kupiert. Zur Schweifrübe hin werden die Fortsätze immer kleiner und der Wirbelkanal verschwindet ganz. Am Ende finden sich nur einzelne zylinderförmige Knochen (wie für die Ochsenschwanzsuppe).

Nicht ganz zu Unrecht vermissen Sie die Säulen, von denen Sie annahmen, daß diese Wirbelsäulenbrücke auf ihnen ruht. Als Säulen dienen die Vorder- und die Hintergliedmaße, nur ruht die Wirbelsäule nicht darauf, sondern hängt daran. In der Schulter ist der Brustkorb mit Bändern und Muskulatur aufgehängt. Wichtig ist das, weil man diesen Bereich trainieren, dehnen und ausleiern kann. So entstehen Phänomene wie das, daß Pferde manchmal zehnjährig noch wachsen. In Arbeit und Aufrichtung und mit trainierter Muskulatur ist der Brustkorb (und damit der Widerrist, wir messen Stockmaß) höher aufgehängt.

Ebenso sind Pferde, wenn man sie sehr dursten läßt, bis zu zwei Zentimeter kleiner (Ponys im Endmaß sollten nicht durstig gemessen werden).

Hinten ist die Wirbelsäule am Kreuzbein durch das straffe Kreuzdarmbeingelenk mit dem Becken verbunden. So ein straffes Gelenk erlaubt kaum Bewegung, eine gewisse Nachgiebigkeit und Federung sind aber vorhanden. Ob man seinem Pferd als Kunststückchen unbedingt das Sitzen beibringen sollte und dieses Gelenk wissentlich überdehnen, ist somit fraglich. Feste Bänder verbinden die seitlichen und oberen Flächen des Kreuzbeins und dessen Dornfortsätze mit dem Darmbein. Dieses wiederum ist Teil des knöchernen Beckens. Dazu verbindet ein breites Band Kreuzbein und ersten Schwanzwirbel mit dem Sitzbein, einem anderen Anteil des knöchernen Beckens.

Ohne Absatz sind wir nun schon bei den Bändern, bleiben wir also gleich dabei und stiften noch ein wenig mehr Verwirrung für uns und etwas mehr Stabilität fürs Pferd.

BÄNDER DER WIRBELSÄULE

Es gibt grob gesagt kurze und lange Bänder an der Wirbelsäule. Die kurzen und einfachen zuerst:

Zwischenbogenbänder bedecken den Spalt zwischen den Wirbelbögen benachbarter Wirbel. Sie sind flach und ziemlich elastisch.

Zwischendornenbänder verbinden an den Halswirbeln und den ersten zwei Brustwirbeln die Dornfortsätze der einzelnen Wirbel elastisch miteinander. Im hinteren Teil der Wirbelsäule gibt es sie auch, aber passend zur eingeschränkten Beweglichkeit sind sie hier straff.

Querfortsätze der Wirbel, die oben der Übersichtlichkeit halber unter den Teppich gekehrt worden waren, sind ebenfalls untereinander mit Bändern verbunden.

Kommen wir nun zu den langen Bändern der Wirbelsäule. Das obere Längsband läuft im Wirbelkanal, also innerhalb der Bögen, vom zweiten Halswirbel bis zum Kreuzbein. Es ist an den einzelnen Wirbelkörpern und außerdem an den Zwischenwirbelscheiben befestigt.

Das untere Längsband zieht vom achten Brustwirbel bis zum Kreuzbein und ist auf diesem Wege unten an allen Wirbeln und Zwischenwirbelscheiben befestigt.

Das allerwichtigste Band für uns ist das Nackenband. Das Nackenband beginnt am Hinterhauptsbein, einem Teil des Schädels, und geht nach hinten in das sehnige Rückenband über. So zieht es oberhalb der Dornfortsätze bis zum Kreuzbein. Am Hinterhaupt beginnt dieses Band rechts und links (also zwei Bänder), berührt die ersten zwei Halswirbel nicht und zieht im Prinzip zum Dornfortsatz des vierten Brustwirbels. Ab dem dritten Halswirbel gibt es dazu die Nackenplatte, eine Art flaches Band, welches sich von den Dornfortsätzen der Halswirbel und ersten zwei Brustwirbel kommend mit dem Nackenband vereinigt.

Über dem dritten Brustwirbel geht das Nackenband in das Rückenband über. Das Rückenband ist mit den Knorpelkappen der Dornfortsätze der Brustwirbelsäule (eine Konstruktion zur Rettung des Genitivs) und den Dornfortsätzen der Lendenwirbelsäule und des Kreuzbeines verbunden.

Dazu gibt es noch Schleimbeutel, einen immer vorhandenen am Widerrist und zwei häufig vorhandene im Genick. Sie unterlegen diese Bänder und verringern so den Druck. Interessant sind sie erst, wenn sie sich entzünden oder verkalken. Alle genannten Bänder können verkalken, man sieht dann auch im Röntgenbild Kalkeinlagerungen im Bandbereich.

MUSKULATUR IM BEREICH DES RÜCKENS

Alle beteiligten Muskeln zu nennen würde den Rahmen dieses Kapitels sprengen, es gibt also wieder eine vereinfachte Übersicht.

Es gibt im gesamten Bereich des Rückens lange und kurze Muskeln. Ihre gemeinsame Aufgabe ist die Sicherung der Stabilität und Tragfähigkeit vor allem der Brückenkonstruktion des Rückens und die Bewegung der einzelnen Wirbelsäulenabschnitte. Die langen Rückenmuskeln erstrecken sich über längere Wirbelsäulenabschnitte und sind, um ihrer starken Belastung gerecht werden zu können, oft sehnig durchsetzt. Sie treten auf ihrer ganzen Länge immer wieder mit einzelnen Wirbeln in Verbindung und tragen so entschieden zu Stabilität und Funktion des Rückens bei. Um vor allem in der schnellen Bewegung Schub aus der Hinterhand auf den Körper übertragen zu können, kommunizieren sie mit den Becken- und Kruppenmuskeln. Ebenso wird der Rücken durch diese lange Rückenmuskulatur gemeinsam mit der inneren Lendenmuskulatur und den Bauchmuskeln aktiv festgestellt, damit die Gliedmaßen sich frei bewegen können und

der Schwung ungehindert übertragen werden kann. Beim Aufbiegen der Wirbelsäule nach oben arbeiten vor allem die Bauchmuskeln und die innere Lendenmuskulatur.

Lange Rückenmuskeln sind Aufrichter, Strecker, Seitwärtsbieger und Versteifer der Wirbelsäule (Versteifen heißt hier festigen und stabilisieren, das hat mit Verspannung nichts zu tun). Sie treten in drei Schichten auf:

Zur oberflächlichen Schicht gehört der Riemenmuskel, der zur Aufrichtung des Halses und gemeinsam mit dem Nackenband zum Tragen und Heben des Kopfes dient. Die gleichgewichtserhaltenden Ausgleichsbewegungen des Halses im Galopp sind auch diesem Muskel zuzuschreiben. Nur einseitig aktiviert biegt er den Hals.

Zur mittleren Schicht gehört vor allem der lange Rückenmuskel, der längste Muskel des Körpers. Er füllt den Raum zwischen Querfortsätzen und Dornfortsätzen aus und ist im Bereich der Lendenwirbelsäule am stärksten. Hier kann er bei gut bemuskelten Pferden über die Dornfortsätze hinausreichen und die typische gebogene Oberlinie des gut gerittenen Pferdes bilden. Mit vielen Muskelzacken setzt er an einzelnen Wirbeln, Rippen und am Kreuz- und Darmbein an. Seine Aufgabe besteht im aktiven Feststellen und Strecken der Wirbelsäule und somit in einer Erhöhung der Tragfähigkeit des Rückens. Ohne ihn wären weder Steigen noch Ausschlagen möglich. Zudem ist er zuständig für das Anheben von Hals und Kopf. Auch zu dieser Schicht gehört der gemeinschaftliche Rippenmuskel, der neben seiner Aufgabe beim Ausatmen auch Brust und Lendenpartie verstärkt.

Zur tiefen Schicht der langen Rückenmuskeln schließlich gehören drei parallele, zum Teil sehr kräftige Muskelstränge, die neben Feststellen und Aufrichten auch eine Aufgabe bei der seitlichen Biegung der Wirbelsäule haben.

Kurze Rückenmuskeln sind gewöhnlich viel schwächer als die langen Rückenmuskeln. Wichtig ist das Zusammenspiel kurzer und langer Muskeln, weil sie sehr unterschiedlich trainierbar sind. Sie haben ebenfalls Aufgaben zum Feststellen und Seitwärtsbiegen der Wirbelsäule. Im vorderen Bereich, vor allem am Hals, erzeugen sie auch Drehbewegungen.

All diesen aufrichtenden und feststellenden Muskeln muß natürlich auch jemand entgegenhalten. Abwärtsbiegende Muskulatur gibt es am Rücken selbst im Prinzip nur im Halsbereich. Ansonsten übernehmen diese Aufgabe Schulter, Becken und Bauchmuskulatur.

DER GESUNDE RÜCKEN

Gesund ist nicht allein das Freisein von Schmerz. Ein gesunder Pferderücken soll in der Lage sein, alle Bewegungen, die das Pferd ausführen möchte, mitzumachen. Er soll weder beim Ausruhen noch in der Bewegung oder nach der Bewegung schmerzen. Der Rücken sollte sowohl entspannt wie angespannt seine Funktionen erfüllen können. Er darf keine Verhärtungen oder Verspannungen haben oder durch die Bewegung bekommen. Die Muskulatur muß locker sein und gleichmäßig angespannt werden können.

Auch gesunde Pferde sind von Natur aus schief. Ob ein Rücken geradegerichtet sein kann, ist eine Frage von Gymnastik und Ausbildungsstand. Dasselbe gilt für Versammlung und Lösung.

Für alle, junge ungerittene, gut und weniger gut gerittene und auch nicht mehr gerittene Pferde gilt, daß der Rücken in der Lage sein sollte, die Bewegung in mindestens drei Gangarten mitzumachen. Eine Festlegung erfolgt nicht weiter, da es durchaus Isländer mit gesundem Rücken gibt, die nicht traben können oder mögen, und diverse andere Rassen mit besonderen Gängen (Walk, Jog, Rack, Paß).

Gute Zeichen für die Gesundheit des Rückens Ihres Pferdes sind:

- freie Bewegung in verschiedenen Gangarten (um das beurteilen zu können, muß man seinem Pferd natürlich Gelegenheit zur freien Bewegung ermöglichen, aber das sollte ja ohnehin selbstverständlich sein)
- ungehindertes Spiel mit Artgenossen (dafür muß das Pferd natürlich auch Möglichkeiten haben!)
- entspanntes Gähnen (tut es auch alleine auf drei mal drei Metern)
- sich Wälzen (wenn es Gelegenheit und einladenden Boden zur Verfügung hat, was ohnehin wünschenswert wäre)
- Niederlegen und Aufstehen ohne Probleme (muß sogar in Anbindehaltung möglich sein)
- ungehindertes Urinieren und Äppeln (Pferde sollten in einer Portion und nicht in mehrfach kleinen Mengen pinkeln – Ausnahme: rossige Stuten – und beim Äppeln keine Schwierigkeiten haben, den Rücken aufzubiegen. Äppeln in vielen kleinen Portionen kann ganz normal sein, vor allem bei in Gefangenschaft und männnlicher Gesellschaft lebenden Hengsten und Wallachen gehört es zum Territorialverhalten, den eigenen Duft über fremde Haufen oder am Zaun entlang zu verteilen)
- bei Stuten: regelmäßige ungestörte Rosse (kann bei Pferden im Hochleistungssport, jungen oder tragenden Tieren natürlich wegfallen)
- keine Schmerzen und Abwehrreaktionen beim Trensen und Satteln (hierfür gäbe es neben einem kranken Rücken noch viele gute Gründe, von mangelnder oder mangelhafter Ausbildung bis hin zum ungeschickten Reiter)
- keine Schmerzen oder Abwehrreaktionen beim Aufsitzen (dito)
- keine Schmerzen oder Abwehrreaktionen beim Losreiten
- freie und taktmäßige Bewegung in mindestens drei Gangarten unter dem Reiter.

Im Ausbildungsbereich:

- Losgelassenheit
- Versammlung
- gleichmäßige Biegung
- gutes Herantreten an das Gebiß
- gute Nachgiebigkeit bei Hilfengebung
- gutes Springvermögen
- gute Technik über dem Sprung

Erforderlich aus Sicht der Pferde ist dieser letzte Abschnitt nicht. Aber nur ein gesunder Rücken kann voll und ganz unseren Anforderungen an die Leistung des Pferdes entsprechen.

Je nach Einstellung kann es Grundlage, Teil oder Ziel der Ausbildung sein, das Pferd stark zu machen und gesund zu erhalten. Von gutem Reiten werden Pferde besser, nicht schlechter. Später werden wir sehen, daß spezielle Arbeit auch rückenkranke Pferde gesünder machen kann, ähnlich wie Krankengymnastik beim Menschen.

Um nicht falsch verstanden zu werden: In akuten Krankheitsphasen sollen Pferde in aller Regel nicht gearbeitet werden.

Nur bei längeren chronischen Verläufen gilt mit Ausnahme von frisch operierten Pferden, Frakturen und Sehnenschäden, daß konsequente Ruhe eher schadet als nutzt. Viele Pferde stehen sich kaputt!

Gesunde Rücken können sehr unterschiedliche Formen haben. Als Ideal gilt der mittellange Rücken mit leicht gebogener Oberlinie und gleichmäßig abfallender Kruppe. Eine schräge Schulter und gut gewinkelte Hinterbeine entsprechen unserem Ideal. Es gibt aber daneben entschieden mehr nicht ideal gebaute Pferde, die

dennoch als gesund angesehen werden können. Ein leichter Senkrücken beeinträchtigt ein Pferd kaum. Extreme sind auch hier schmerzhaft. Der nach oben gewölbte Karpfenrücken ist unerwünscht, behindert ein Pferd in seiner freien Bewegung aber kaum. Starke seitliche Verbiegungen der Wirbelsäule können Schwierigkeiten hervorrufen, müssen es aber nicht. Die medizinischen Begriffe für diese Verformungen sind Kyphose (Karpfenrücken), Lordose (Senkrücken) und Skoliose (seitliche Verkrümmungen). Auch zu steile Schultern behindern das Pferd in aller Regel nicht, nur in der Dressuraufgabe wird der mangelnde Raumgriff bemängelt. Dazu ist es ausgesprochen schwierig, für so ein Pferd den passenden Sattel zu erwerben. Ein zu flacher oder kaum ausgeprägter Widerrist ist vor allem für die Lage des Sattels von Bedeutung, das ohne Gewicht draußen spielende Pferd ist trotzdem gesund und erfährt aus diesem anatomischen Umstand keine Behinderung.

Pferde mit anatomischen Schwierigkeiten sind nicht a priori zum Reiten unbrauchbar. Zum Teil laufen sehr schiefe Tiere recht gut im Sport. Spezielle Förderung ist allerdings wichtig.

Hier kommen dann auch noch andere Besonderheiten dazu. Einige Pferde haben hinten viel zu kurze Trachten, so daß die gesamte Kruppen-Rückenlinie im Prinzip permanent überdehnt ist. Andere haben einfach unterschiedliche Füße und müssen die vorhandene Ungleichheit in der Bewegung über den Rücken ausgleichen. Wieder andere haben ein schiefes Becken, was sie zur dauerhaften einseitigen Überbelastung veranlaßt. Einige Pferde sind überbaut, also vorne höher als hinten, oder umgekehrt. Während des Wachstums ist

Der gestreckte Rücken beim Absprung. Der Reiter enlastet den Rücken vollständig. Foto: Toffi

Leicht gewölbter Rücken über dem Sprung. Foto: Toffi

Vorbereitung auf das Landen, die für den Rücken durch die entstehende Stauchung anstrengendste Phase des Springens. Foto: Toffi

das normal, aber bei einigen bleibt auch so ein Zustand erhalten. Hinten überbaute Pferde (ob gerade in dem Alter oder grundsätzlich ist hierfür egal) laufen von sich aus stärker auf der Vorhand und sind in der Arbeit schlechter zu setzen. Vorne überbaute Pferde haben häufig Schwierigkeiten mit der Übertragung des Schwunges der Hinterhand auf den Rücken.

Solche Besonderheiten sind, solange sie nicht in Extreme ausarten, nicht unbedingt ungesund. Es ist aber erforderlich, daß wir Reiter derartige individuelle Besonderheiten erkennen und uns über spezielle Trainingsmöglichkeiten Gedanken machen.

Während Pferde wachsen, kann man eine Menge verkehrt und kaputt machen. Und Pferde wachsen lange, manche sind erst mit sieben Jahren „fertig". Zu frühe Überforde-

rung (physisch und psychisch) ist sicher eines der Hauptprobleme. Früh kastrierte Wallache zeigen ein längeres Wachstum der Röhrenknochen - beim Hengst verursacht das männliche Hormon einen zeitigeren Abschluß des Wachstums. Wallache werden so in aller Regel größer und benötigen länger, bis sie in Ausbildung genommen werden können. In der Wachstumsphase eingesetzte Anabolika können dazu führen, daß Muskeln im Verhältnis zum Knochen zu schnell wachsen und bombige Kondition vortäuschen, obwohl unter allem ein noch nicht ausgereiftes Knochenskelett wächst.

Um auch hier nicht falsch verstanden zu werden: Durch Schonung bis ins hohe Alter werden Pferde auch nicht besser. Pferde müssen so belastet werden, daß sich Knochen und Muskeln den Erfordernissen anpassen und sich auf spätere Erfordernisse einstellen können. So ein Pferdeorganismus ist in permanentem Umbau begriffen und paßt sich den Verhältnissen, in denen er lebt, an. An einem Beispiel verdeutlicht: Will man ein Pferd unbeschlagen auf festem Boden reiten, so muß es sich möglichst durch ganztägiges Herumlaufen auf überwiegend festem Boden daran gewöhnen. Es wird dann entsprechend festes Hufhorn entstehen. Schont man so ein Pferd auf weichem Boden bis zum Einsatz, so entwickelt es nur weiche Hufe und ist seiner Aufgabe nie und nimmer gewachsen.

Ebenso wie einfach nachvollziehbar am Huf verhält es sich mit allen anatomischen Strukturen. Ein Pferd, das wir reiterlich belasten wollen, müssen wir reiten, um es zu trainieren. Wenn wir Verstand genug besitzen, zur individuell richtigen Zeit damit zu beginnen und verschiedene Ausbildungselemente geschickt kombinieren, erreichen wir eine gute belastbare Kondition des Pferderückens. Ohne das Pferd zu reiten bekommen wir die nicht.

Auf das Gerittenwerden sollte so ein Pferderücken natürlich auch vorbereitet werden, durch Longieren oder Arbeit an der Hand, aber hierzu später.

Einige Rückenformen werden in der Literatur als besonders gefährdet für Rückenprobleme genannt. Diese Prädispositionen werden aber sehr kontrovers diskutiert. So beschreibt Herr Dr. Jeffcott den kurzen Rücken des Vollblüters als stark gefährdet für das Kissing spine Syndrom. Herr Professor Huskamp und Herr Doktor von Salis, ebenso namhafte Experten, weisen dagegen auf die besondere Gefährdung der langen Rücken mancher Warmblüter hin. Der Springsport gilt im allgemeinen als rückenschädlicher als die Dressur. Wie wahr dies ist, ist derzeit nicht abschließend beurteilbar. In Sportreiterkreisen sind manche Linien oder Familien als gefährdet für Rückenprobleme verschrien („die haben es alle im Kreuz"). Genauso gibt es Reiter, deren Pferde alle unter Rückenproblemen leiden, was dann vielleicht doch nicht an den einzelnen Pferden liegt (nur wer mag ihm/ihr das sagen?).

VORKOMMEN UND VERBREITUNG VON RÜCKENPROBLEMEN

Bereits Xenophon weist auf die notwendige Stärkung des Pferderückens hin. In den ältesten verfügbaren Tierarzneibüchern sind ebenfalls schon Krankheitsbilder des Kreuzverschlags und der Klemmigkeit beschrieben. Das Problem ist also durchaus nicht neu.

Die allermeisten veterinärmedizinischen Arbeiten heute kommen von Doktor Jeffcott aus Großbritannien. Beschreibungen über Rückenprobleme gibt es aber auch aus den Vereinigten Staaten von Amerika, aus Hongkong, aus Japan und anderen Ländern. Derartige Probleme gibt es weltweit.

Man kann davon ausgehen, daß Rückenprobleme sozusagen eine Berufskrankheit des Reitpferdes sind. Doktor Jeffcott beschreibt Rückenprobleme als Berufsrisiko der Rennpferde und der Sportpferde.

Unterschiedliche Rassen und Nutzungsrichtungen haben einen Einfluß auf die Häufigkeit von Rückenproblemen. Doktor Jeffcott schreibt, das Pferd mit kurzem Rücken bekommt eher knöcherne Veränderungen als Pferde mit langen Rücken. Dazu sollen Pferde mit langem Rücken eher zu Weichteilveränderungen neigen als Pferde mit kurzem Rücken. Knöcherne Veränderungen kommen eher in der Mitte des Rückens vor, Weichteilschäden eher davor oder dahinter. Andere Arbeiten (Gundel/Schatzmann) können diese Unterteilung in knöcherne und Weichteilveränderungen so nicht nachvollziehen und wollen den Rücken als funktionelles Ganzes

betrachtet wissen. Noch eine andere Arbeit (Huskamp/v. Salis) nennt lange Rücken der Warmblüter als Prädisposition für Rückenprobleme. Großrahmige Warmblüter mit schwachen Kruppen neigen zu Zerrungen im Kreuzdarmbeingelenk.

Verformungen der Wirbelsäule werden von allen Autoren als Prädispositionen (Anlage, Empfänglichkeit für Erkrankungen) gewertet. Zudem scheint Einigkeit zu bestehen in der Frage nach der Nutzung.

Springsport und Hindernisrennsport sind für Pferderücken die schädlichsten Sportarten. Das bedeutet nicht, daß jedes Springpferd ein Rückenproblem hat oder zwangsläufig bekommen muß. Es bedeutet lediglich, daß Rückenprobleme bei Springpferden prozentual häufiger sind als zum Beispiel im Dressursport.

Akute Kreuzdarmbeingelenkszerrungen und Subluxationen kommen eher bei Pferden vor, die mit Geschwindigkeit springen wie im Hindernisrennsport, Kissing spines häufiger bei Pferden, die im Parcours geritten werden.

Kissing spines sollen bei Vollblutwallachen häufig sein. Spondylosen kommen dagegen bei Stuten häufiger vor.

Interessanterweise gibt es keine wissenschaftliche Arbeit, die die Häufigkeiten von Rückenproblemen bei Gangpferden beschreibt. Da viele Spezialgänge mit durchgebogenem Rücken gelaufen werden, könnte das interessant sein. Man darf bei solchen Betrachtungen nicht vergessen, daß

Rückenprobleme schwer zu erkennen sind. Es gibt Leistungsschwächen ohne Rückenprobleme ebenso wie Rückenprobleme ohne Leistungsrückgang. Viele Rückenprobleme heilen spontan zum Beispiel, wenn das Pferd aus einem anderen Grund Ruhe bekommt. Statistische Aussagen sind daher schwierig. Die überwiegende Zahl der Untersuchungen ist an Rennpferden und Sportpferden in Großbritannien durchgeführt worden. Dadurch sind Aussagen über Vollblüter eher möglich als etwa über Islandpferde. Letztere sind nicht alle kerngesund, aber noch nicht in entsprechender Zahl untersucht und beschrieben. Richtige Statistiken gibt es nur bei den Vollblütern.

PRIMÄRE RÜCKENERKRANKUNGEN

Primäre Rückenerkrankungen sind all jene Rückenprobleme, die ihre Ursache tatsächlich in Strukturen des Rückens haben. Unlogischerweise kann, wie später beschrieben werden wird, aus einer sekundären Erkrankung des Rückens eine primäre Rückenerkrankung werden. Das geschieht, indem eine andere Ursache ein Problem des Rückens sekundär hervorruft und zu Veränderungen der Strukturen des Rückens führt. Stellt man diese andere Ursache zu spät ab, so bleibt das Rückenproblem aus sich selbst heraus bestehen und wird primär.

Zu den primären Rückenerkrankungen gehören neben der Verformung der Wirbelsäule knöcherne Veränderungen, Frakturen und Weichteilverletzungen.

VERFORMUNGEN DER WIRBELSÄULE

Ein Senkrücken (Lordose) kann angeboren oder erworben sein. Leichte Verformungen müssen keine Bewegungseinschränkung hervorrufen! Ein Senkrücken kann zum Beispiel entstehen, wenn Pferde zu früh unvorbereitet mit zu hohem Gewicht belastet werden. Derartige Verformungen kann man in aller Regel, wenn sie einmal da sind, nicht rückgängig machen. Ein Training der Muskulatur kann aber die Belastbarkeit erheblich verbessern. Im Laufe des Alterns eines Pferdes leiern die kurzen Bänder ein wenig aus und die Muskulatur wird weniger, ganz normal ist daher ein Senk-

Sehr langer Rücken. Diese Senkrückenform ist angeboren. Foto: Würtz

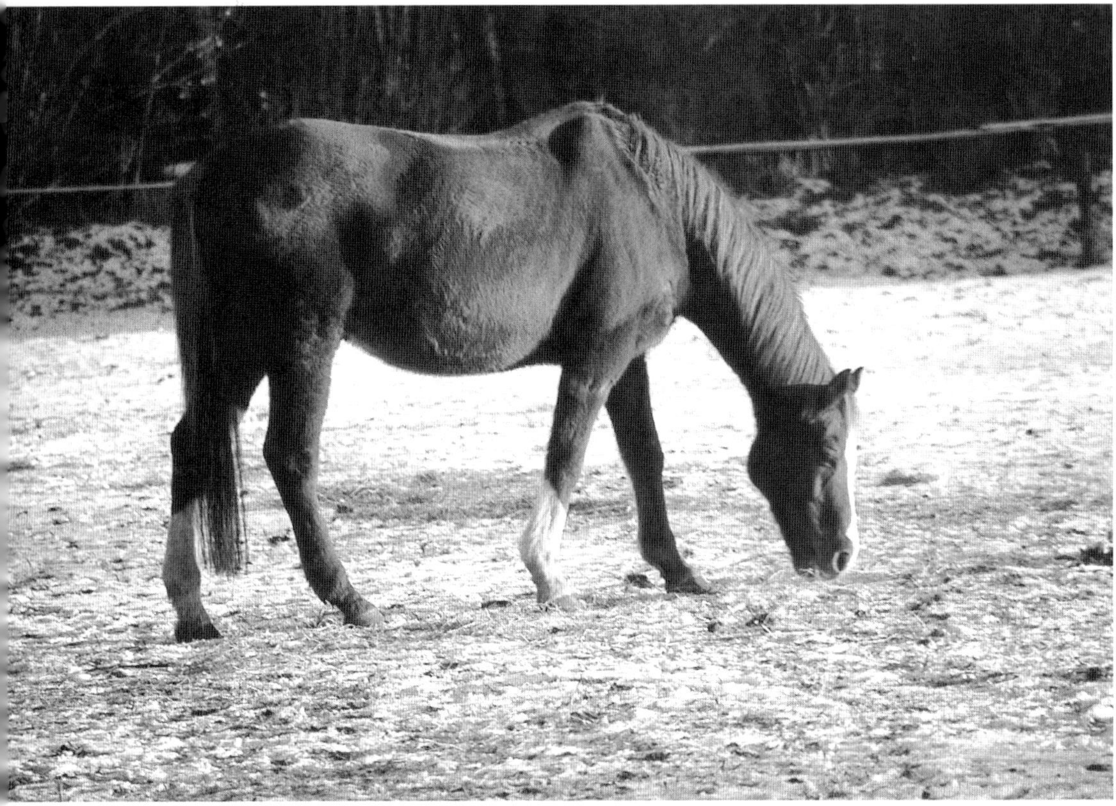

*Im Alter erworbener Senkrücken. Dieser Vollblüter
ist 24 Jahre alt und wird nach wie vor geritten.
Foto: Würtz*

rücken beim alten Pferd. Der Karpfenrücken ist angeboren. Diese Verformung
des Rückens nach oben (Kyphose) beeinträchtigt die Übertragung des Schwunges
der Hinterhand auf den Rücken.

Seitliche Verkrümmungen der Wirbelsäule heißen Skoliose. Die Stabilität eines
solchen Rückens ist immer eingeschränkt
und die Belastbarkeit vermindert. Pferde
mit einer ausgeprägten Skoliose können oft
auch ohne Reiter nur auf einer Hand galoppieren. Derartige Verformungen sind nicht
immer gut zu sehen, man muß den Verlauf
der Wirbelsäule ertasten, um eine Aussage
machen zu können.

KNÖCHERNE VERÄNDERUNGEN

Das Kissing spine Syndrom

Die am häufigsten beschriebene und
besprochene knöcherne Veränderung ist das
Kissing spine Syndrom. Klingt eigentlich
nach harmonischem Miteinander, wenn die
Dornfortsätze einander küssen, ist aber
nicht so. Das Kissing spine Syndrom
beschreibt das Annähern, Berühren oder
Überreiten benachbarter Dornfortsätze. In
einer Untersuchung von Doktor Jeffcott an
2000 rückenkranken Pferden litten 38,6 %

am Kissing spine Syndrom. Am häufigsten tritt diese Veränderung im Bereich vom 12. bis zum 18. Brustwirbel auf, da hier ohnehin die Abstände zwischen den Dornfortsätzen geringer sind als im übrigen Wirbelsäulenbereich (Kreuzbein natürlich ausgenommen). Dummerweise ist dieser empfindliche Bereich genau unsere Sattellage. Gelingt es uns nicht, den Rücken des Pferdes für die Arbeit aufzuwölben und so auf einer stabilen Brücke zu sitzen, so drückt sich der Rücken durch unser Gewicht nach unten durch. Dieses nach unten Durchbiegen hat zwangsläufig ein sich Annähern der Dornfortsätze zur Folge. Dies ist ein schönes Beispiel, wie aus einem sekundären Rückenproblem (auslösend ist der Reiter) ein primäres Rückenproblem (Veränderungen an den Dornfortsätzen) werden kann. Das Kissing spine Syndrom leitet sich immer aus der Durchbiegung des Rückens nach unten her, die das normale Maß an Auf- und Abbiegung in der Bewegung überschreitet und immer in irgendeiner Form von außen verursacht worden ist. Interessanterweise gibt es Pferde, die Kissing spines haben, ohne in irgendeiner Form andere Anzeichen eines Rückenproblemes zu entwickeln. Außerdem ist die Stelle, an der sich Dornfortsätze berühren, nicht immer die, die uns beim Untersuchen schmerzhaft erscheint.

Beurteilbar sind die Dornfortsätze zum Teil in der klinischen Untersuchung, im Röntgenbild und in der Szintigraphie, wobei einander ergänzende Befunde erhoben werden können. Auch sonographische Untersuchungen am Rücken werden gemacht. Allen bildgebenden Verfahren voraus geht natürlich die ausführliche klinische Untersuchung. Allein durch klinische Untersuchung läßt sich ein Rücken-

problem auch schon relativ gut beschreiben, aber der tatsächliche Sitz der Veränderungen und deren Ausmaß ist nur in weiterführenden bildgebenden Untersuchungen zu erschließen. Die Stelle, an der tatsächlich aktive Veränderungen sind, muß nicht zwangsläufig die schmerzhafte Stelle sein! Ein Beispiel aus der Menschenmedizin: Schmerzhafte Hautveränderungen bei einer Gürtelrose gehen auf einen krankmachenden Effekt an der Halswirbelsäule zurück.

Durch Röntgen ist es möglich, die Dornfortsatzspitzen, im Widerristbereich die ganzen Dornfortsätze, darzustellen. Dabei darf man nicht vergessen, daß hier nur die Spitze des Eisbergs bildlich dargestellt wird, viele erhebliche Veränderungen, die zu Rückenproblemen führen können, liegen außerhalb des üblicherweise dargestellten Bereichs. Das Kissing spine Syndrom alleine kann aber auf diese Weise durchaus dargestellt werden. Notwendigerweise muß man sich permanente Markierungen am Pferd gefallen lassen, um später Veränderungen im Röntgenbild zu einer bestimmten Stelle des Rückens zuordnen zu können. Hierfür werden häufig kleine Bezirke rasiert und während der Aufnahme mit etwas röntgenologisch Sichtbarem versehen (zum Beispiel durch Aufkleben einer Kanüle, einer metallenen Zahl, von Metallstiften oder Kügelchen). Das gibt dem Tierarzt die Möglichkeit, Veränderungen genau zuzuordnen. Auf der Aufnahme drei Zentimeter vor den Kügelchen bedeutet am Pferd drei Zentimeter vor der rasierten Stelle, eine Lokalisation, die für die nächsten zwei Wochen, bis die Haare nachgewachsen sind, eindeutig ist. Um einen Pferderücken abzubilden, benötigt man drei bis vier Röntgenaufnahmen. Sehr unruhige Pferde müssen darüber hinaus ein

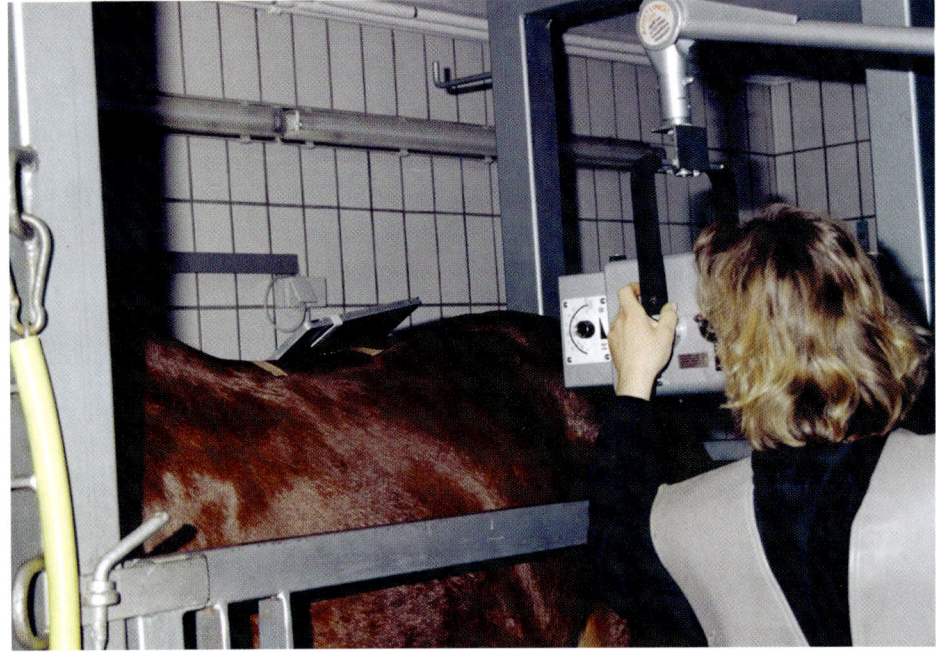

Zur Anfertigung von Röntgenaufnahmen der Dornfortsätze muß das Pferd ruhig stehen. Hier in einem Röntgenstand in einer Klinik mit stationärer Röntgeneinrichtung. Foto: Prohn

wenig betäubt werden, damit ihre Panik nicht unser Bild verwackelt. Einfache Aufnahmen können dabei gut am stehenden Pferd gemacht werden. Einige Untersucher führen Röntgenuntersuchungen rückenkranker Pferde lieber am liegenden Pferd durch, hierfür benötigt man dann eine Vollnarkose. Das hat entschiedene Vorteile für die Darstellbarkeit. Man kann später auf den Bildern in aller Regel mehr sehen, und es entstehen keine technischen Schwierigkeiten duch Verwackeln oder Lagerung der Röntgenplatten. In einigen Kliniken gibt es inzwischen Geräte, die in der Lage sind, auch die kleinen Zwischenwirbelgelenke abzubilden. Das geht (bisher) nur am liegenden Pferd. Nicht vergessen darf man bei diesen unterschiedlichen Möglichkeiten, wie Röntgenbilder zustande kommen, daß hier statisch verschiedene

Situationen abgebildet werden. Pferde, bei denen sich normalerweise stehend die Dornfortsätze einander erheblich nähern, können liegend geröntgt ganz gesund aussehen. Ohne das an der Wirbelsäule hängende Körpergewicht ist nämlich die Wirbelsäule weniger nach unten durchgebogen. Ähnliches gilt beim stehenden Pferd. Unter Beruhigungsmitteln entspannt sieht die Situation anders aus als in der alltäglichen Verspannung. Beim Röntgen des stehenden Pferdes soll das Pferd nach Möglichkeit geschlossen stehen und alle vier Beine gleichmäßig belasten.

Es gibt Kappen auf den Dornfortsätzen, die zu diesen gehören und beim alten Pferd untrennbar mit ihnen verbunden sind. Beim jungen Pferd sind diese Kappen knorpelig und auf dem Röntgenbild nicht zu erkennen. Sie haben einen eigenen Verknöcherungskern. Das bedeutet, daß sie, während das Pferd älter wird, aus sich selbst heraus und scheinbar ohne Zusammenhang mit dem Dornfortsatz (der Zusammenhang ist vorhanden, aber eben knorpelig und daher im Röntgenbild nicht zu sehen) verknöchern. Erst mit etwa sieben Jahren ist dieser Prozeß abgeschlossen. Bis dahin sieht man Knochenstücke „lose" über den Dornfortsätzen, sie gehören dahin.

Besonders wichtig beim Röntgen ist die Beachtung des Strahlenschutzes. Hier gibt es einige sehr strenge Vorschriften, die Ihr Tierarzt kennt und nach denen er sich richtet. Röntgenstrahlen sind gesundheitsgefährdend. Es ist keinesfalls albern oder kleinlich, auf bestimmten Sicherheitsvorkehrungen zu bestehen. Die jugendliche Reitbeteiligung darf ebensowenig beim Röntgen helfen wie die schwangere Stallbesitzerin. Wer keine Bleischürze anhat, soll während der Aufnahmen nicht „mal eben etwas festhalten", und neugieriges Nähertreten ist ebenso dumm wie rücksichtsloses Vorbeilaufen, weil man es eilig hat und einen ohnehin nicht interessiert, was die anderen da tun. Aufnahmen, die technisch nicht gut sind, sind nicht beurteilbar. Sie müssen wiederholt werden, auch wenn es Zeit, Geld und Nerven kostet.

Hat man dann gute Röntgenbilder, benötigt man (oder meint man hierzulande zu benötigen, aber das ist eine andere Diskussion) irgendein Schema, um eine Aussage über die Schwere der Veränderungen machen zu können.

Beim Kissing spine Syndrom verengen sich die Abstände zwischen den einzelnen Dornfortsätzen.
Foto: Archiv Dr. Jahn

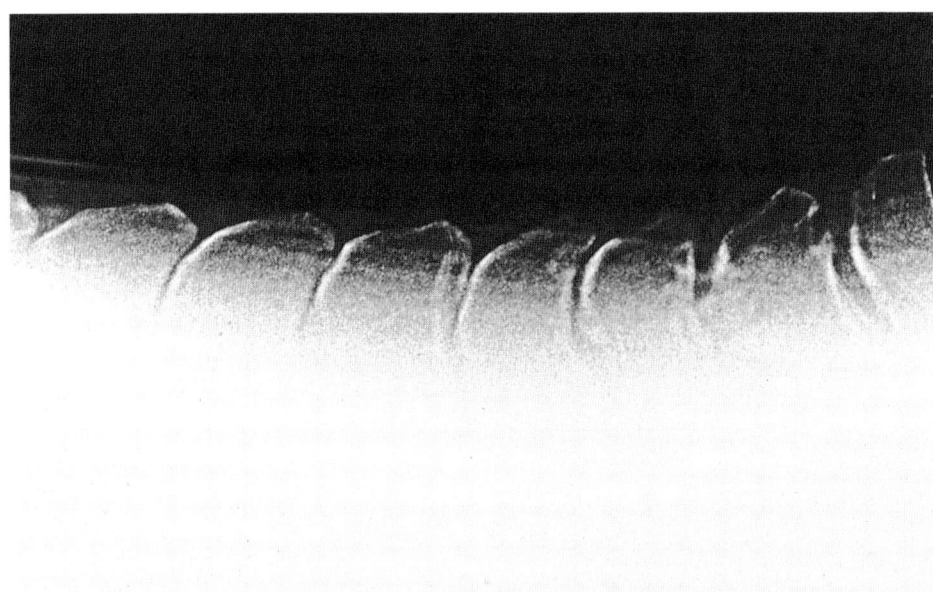

Hier sieht man Veränderungen an den Dornfortsätzen. Es handelt sich um das Kissing spine Syndrom vom 6. und schwersten Grad. Foto: Prohn

Hier sieht man die Fraktur eines Dornfortsatzes im Bereich des Widerrist.

Sager definiert für diese Veränderungen an den Dornfortsätzen eine Klassifikation in sieben Graden, um die Schwere der Erkrankung zu objektivieren:

0. Grad
Dornfortsätze ohne besondere Veränderungen
1. Grad
Zubildungen oben an den Dornfortsätzen
2. Grad
Nasenbildung an den vorderen, oberen Dornfortsatzenden
3. Grad
Verkürzter Abstand zwischen den Dornfortsätzen ohne weitere Befunde
4. Grad
Verkürzter Abstand zwischen den Dornfortsätzen mit Sklerosierungen
5. Grad
Kontakt der Dornfortsätze mit Rarefikation (Auflockerung des Knochengewebes, Gewebsschwund)
6. Grad
Überlappung der Dornfortsätze mit Rarefikation und/oder Sklerosierung.

Durch Röntgen können so Befunde erhoben werden über die tatsächlichen knöchernen Veränderungen. Wie wir sehen werden, reicht das (natürlich immer mit der ausführlichen klinischen Untersuchung, ohne die ist sowieso nichts beurteilbar) in vielen Fällen nicht aus. Eine weitere elegante und erkenntnisschaffende Untersuchungsmethode ist die Szintigraphie. Sie hilft uns bei der Beurteilung der Aktualität des Geschehens. Man muß sich vorstellen, daß Knochen, so fest er uns auch erscheint, kein statisches Gebilde ist. Im Gegenteil ist so ein Knochen in permanentem Auf- und Abbau begriffen. Er erneuert sich so ständig ein wenig und kann sich dabei in seiner Form auch besonderen Belastungen anpassen. Ein kleines molekulares Teilchen, das für den Knochen wichtig ist, ist Calcium. Ähnlich wie dieses Calcium verhalten sich verschiedene Radioisotope zum Beispiel von Technetium. Man nutzt nun zum Beispiel radioaktives Technetium als Marker. Dieses radioaktive Technetium (oder etwas ähnliches) wird dem Pferd in die Vene verabreicht. Seine Halbwertszeit ist relativ kurz. Da dieser Stoff im Körper genauso behandelt wird wie Calcium, wird er in Bereichen, in denen verstärkter Knochenumbau stattfindet, mehr eingebaut als anderswo.

Geht man einige Zeit nach der Injektion mit einer Gammakamera, die die Strahlen der radioaktiven Teilchen erkennen kann, über den Körper, so sieht man Bereiche verstärkter Strahlung. In diesen Bereichen ist zur Zeit der Knochenumbau sehr stark im Gange.

Für den Umgang mit radioaktivem Material gibt es ebenfalls Vorschriften, und die sind - zu Recht - noch strenger als die Strahlenschutzvorschriften beim Röntgen. Szintigraphische Untersuchungen werden ausschließlich in Kliniken durchgeführt, die die notwendigen Einrichtungen besitzen und deren Betreiber die notwendigen Qualifikationen nachgewiesen haben. Sie können also ganz beruhigt sein. Je nach verwendetem Material und verwendeter Menge strahlt Ihr Pferd noch einige Zeit nach der Untersuchung, und Sie dürfen es nicht besuchen und liebevolle Trostküßchen verabreichen. Diese Maßnahme ist berechtigt und dient Ihrer Sicherheit.

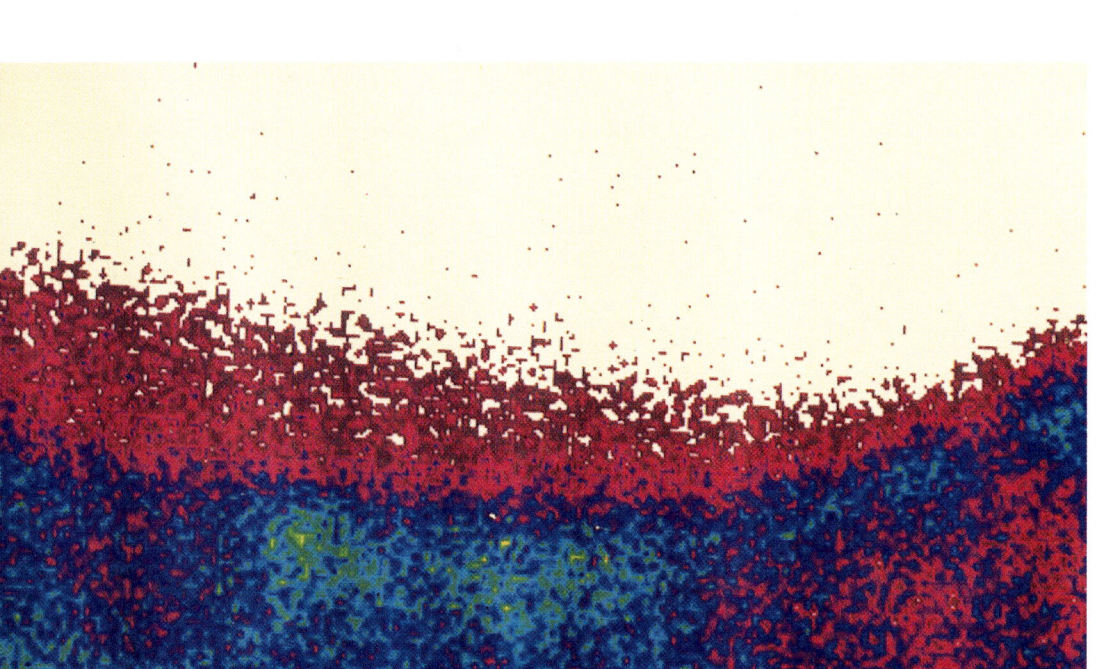

Darstellung der Dornfortsätze in der Szintigraphie

Hat man dann sowohl ein röntgenologisches als auch ein szintigraphisches Ergebnis, gibt es folgende Kombinationsmöglichkeiten:

1. akute, aktive Dornfortsatzveränderungen

Im Röntgenbild sind keine Anzeichen für chronische Veränderungen zu finden, aber die Szintigraphie weist auf eine erhöhte Knochenumbaurate im Bereich der Dornfortsätze hin.

2. chronische, aktive Dornfortsatzveränderungen

Im Röntgenbild sind Veränderungen an den Dornfortsätzen zu erkennen und die Szintigraphie weist zudem auf eine erhöhte Knochenumbaurate in diesen Bereichen hin.

3. chronische, inaktive Dornfortsatzveränderungen

Die Dornfortsätze zeigen zwar im Röntgenbild Veränderungen, aber in der Szintigraphie im Moment keine erhöhte Knochenumbaurate.

So deutlich verändern sich die Dornfortsätze im Verlauf des Kissing spine Syndroms. Dieses Bild ist von der Stute La Belle, die nach wie vor geradeaus noch leicht geritten werden kann.

Für die Auswirkungen dieser Veränderungen und für die Behandlung des Rückenproblems sind diese Ergebnisse entschieden wichtig. Akuten, aktiven Veränderungen kann man vielleicht noch rechtzeitig Einhalt gebieten. Chronische, aktive Veränderungen stellen das größte Problem dar. Ziel muß sein, sie zur Ruhe zu bekommen. Eventuell fällt hier die Entscheidung für eine Operation. Chronische, inaktive Veränderungen schmerzen meistens nicht mehr, hier muß man sich mehr Gedanken über Stabilität und Nutzung machen. Mit dem Ultraschallgerät werden zudem Untersuchungen der Dornfortsätze angeboten. Der Erkenntnisgewinn ist hier gegenüber Röntgen und Szintigraphie geringer. Darstellbar sind nur die oberen Kanten der Dornfortsätze. Deren Form und Abstand lassen aber durchaus Rückschlüsse zu. Insgesamt ist die Sonographie aus der Diagnose von Rückenkrankheiten nicht wegzudenken, sie ist die einzige Untersuchungsmethode, die Veränderungen an den

Weichteilen von Hals und Rücken überhaupt darstellen kann. Dazu hat diese Untersuchungsmethode noch einige Vorteile: Sie schmerzt nicht, zerstört nichts, kann ohne Betäubung durchgeführt werden und benötigt keine Strahlenschutzvorkehrungen. Zur Darstellung des Kissing spine Syndroms ist sie aber sicher nicht die Methode der Wahl.

Veränderungen der kleinen Wirbelgelenke

Ebenso bedeutend wie oder sogar bedeutender als das Kissing spine Syndrom sind die Veränderungen an den kleinen Wirbelgelenken. Hier können sich schmerzhafte und die Bewegung einschränkende Arthrosen (chronische Gelenkveränderungen) entwickeln. Es ist generell etwas schwierig, Arthrosen und ihre Auswirkungen auf Bewegungsmöglichkeiten und Wohlbefinden des Pferdes in Beziehung zu setzen. Eine sich aus einer Gelenkentzündung entwickelnde Arthrose kann sehr schmerzhaft sein. Dagegen kann ein sehr stark arthrotisch verändertes Gelenk in manchen Fällen auch kaum mehr Schmerzen bereiten. Gerade bei straffen Gelenken ist es in aller Regel so, daß der Schmerz nachläßt, wenn sie erst vollständig steif geworden sind. Schließlich reibt, quetscht und zieht dann nichts mehr. Das Gelenk bewegt sich nur eben nicht. Ganz kleine Veränderungen bei erhaltener Gelenkbewegung können dagegen erheblich schmerzen und immer wieder neue Schmerzattacken verursachen. An den kleinen Wirbelgelenken können nur zum Teil Röntgenbefunde erhoben werden. Sie sind sehr schwierig darstellbar. Möglichkeiten der Darstellung gibt es nur am liegenden Pferd, also in Narkose. Szintigraphisch sind diese kleinen Zwischenwirbelgelenke dagegen recht gut zu untersuchen. Analog zu der Einteilung beim Kissing spine Syndrom unterteilt man auch hier akute aktive, chronische aktive und chronische inaktive Veränderungen. Je nach Sitz dieser Veränderungen sind die Auswirkungen auf die Beweglichkeit unterschiedlich. Die unterschiedliche Stellung der Gelenkflächen ermöglicht im vorderen Bereich der Wirbelsäule mehr Bewegung als im strafferen hinteren Abschnitt der Wirbelsäule. Veränderungen im vorderen Brustwirbelbereich beeinträchtigen das Pferd so erheblich stärker als Veränderungen im Bereich der Lendenwirbelsäule. Durch Bewegung wird der Gelenkknorpel stärker mit Nährstoffen versorgt und die Produktion von Gelenkflüssigkeit wird angeregt. Pferde mit Arthrosen der kleinen Wirbelgelenke werden durch längere Pausen (ein paar Tage Stehenlassen) steifer. In der Bewegung werden sie zum Teil sogar besser, und nach einer Aufwärmphase sind sie deutlich weniger steif als sie aus der Box gekommen waren. Um nicht falsch verstanden zu werden: Akute Rückenschmerzen unter Zwang zu bewegen verursacht nur stärkeren Schmerz. Der Aufruf, sie in Bewegung zu halten, gilt für chronisch kranke Pferde. Die kann man zum Teil sogar gut unter Schmerzmitteln antrainieren, aber dazu später.

Spondylose

Die Möglichkeiten der Diagnose einer Spondylose beim Pferd sind nicht besonders gut. Dennoch weiß man aus Untersuchungen an toten Pferden, daß derartige Veränderungen vorkommen. Es handelt sich um einen Verknöcherungsprozeß unterhalb der Wirbelkörper. Wie wir wissen, zieht hier ein die einzelnen Wirbelkörper verbindendes langes Band entlang, welches bei dieser Erkrankung verknöchert. Das hat eine deutliche Bewegungseinschränkung zur Folge. Plötzliches Durchbeugen der Wirbelsäule verursacht ebenso Schmerzen wie das Abheben zum Sprung. Wie bei Spondylosen anderer Tiere kann man davon ausgehen, daß eine vollständige Verknöcherung zwischen zwei benachbarten Wirbelkörperunterseiten zwar steif macht, aber nicht mehr schmerzt.

Frakturen

Frakturen an den Dornfortsätzen entstehen gewöhnlich durch Unfälle, sich Überschlagen beim Steigen oder Befreiungsversuche beim Festliegen, also keinesfalls schleichend. Frakturen im Widerristbereich enstehen zum Beispiel bei Ponys in nicht entsprechend gesicherten Pferdehängern. Sie klettern unter der vorderen Stange durch und verletzen sich selbst durch die Stange im Rücken. Bemerkenswert ist, daß solche Frakturen nicht immer sofort zu Schmerzäußerungen und häufig nicht einmal zu Fehlfunktionen führen. Nach dem Hängerunfall macht so ein Pony einen ganz normalen Eindruck. Zum einen steht es durch den Streß unter dem Einfluß von Endorphinen, körpereigenen Opiaten, die Schmerzwahrnehmung unterdrücken, und zum anderen entsteht Schmerz häufig erst, wenn die Blutung aus der Fraktur einen größeren Umfang erreicht hat. Diese Frakturhämatome kann man zum Teil sehen und fühlen. Am Tag nach dem Unfall sind diese Ponys dann normalerweise auch schmerzempfindlich am Widerrist und bewegen sich ungern.

Ähnliche Frakturen entstehen durch Stürze. Den Verdacht auf eine Fraktur kann eventuell ein Röntgenbild oder der Nachweis von Knochenenzymen im Blut erhärten. Viele solcher Frakturen heilen konserva-

tiv, also ohne Eingriff und durch Ruhe.

Frakturen an den Halswirbeln entstehen vor allem durch Stauchung bei einem Sturz. Sichtbar werden sie für uns durch eine Schiefstellung, Verkrümmung oder Verdrehung des gesamten Halses. Bricht der Zahn des zweiten Halswirbels ab, stehen die Pferde mit stark gestrecktem Hals vor uns. Pferde mit dem Verdacht auf eine Fraktur im Bereich der Halswirbel können sicherheitshalber nur im Stehen geröntgt werden. Hierbei ist die Fraktur nicht immer zu finden. Die Aussichten auf Heilung können sehr unterschiedlich sein. Je nach Ausmaß der Nervenschädigung können Lähmungserscheinungen bis hin zum Festliegen oder nur leichte Störungen im gleichmäßigen Gang die Folge sein. Direkt an der Fraktur kann man ohnehin nichts tun. Sachgerechte Versorgung hilft den Pferden, die Phase einer durchaus möglichen Selbstheilung zu überstehen. Wichtig ist vor allem Platz und die leichte Erreichbarkeit von Wasser und Futter.

Frakturen im Bereich der Wirbelkörper der Brust- und Lendenwirbel sind glücklicherweise selten. Sie sind durch die Schädigung des Rückenmarks in aller Regel an einen erheblichen Funktionsausfall gebunden. Stirbt das Pferd nicht von selbst, muß es meistens getötet werden. So etwas passiert im Prinzip nur durch dramatische Unfälle etwa im Verlauf eines Jagdrennens, und auch dort ist es zum Glück nicht häufig. Ganz selten (mir bekannt in nur einem fürchterlichen Fall) brechen sich auch Pferde in der Box den Hals und werden dann tot aufgefunden. Weideunfälle können auch Wirbelfrakturen zur Folge haben. Aus naheliegenden Gründen kommen sie am häufigsten bei Hengsten im Alter unter drei Jahren vor.

Spinale Ataxie

Unter dem Begriff Spinale Ataxie wird ein Krankheitsbild zusammengefaßt, das gekennzeichnet ist durch eine Schwäche der Hinterhand und unkoordinierte Bewegung. Die Ursachen können sehr verschieden sein, liegen aber meist im Bereich der Halswirbelsäule. Nervenschädigungen in diesem Bereich führen zu einem unkoordinierten Bewegungsablauf. Die Krankheitssymptome können langsam entstehen oder plötzlich auftreten. Sie reichen von leichten Koordinationsschwierigkeiten in Wendungen bis zum nur torkelnd möglichen Schritt. Pferde mit hochgradiger Ataxie können nicht mehr traben und sind nicht in der Lage, rückwärts zu treten.

Den Sitz der Veränderungen des Rückenmarks im Halsbereich kann man eventuell durch Röntgen ermitteln. Hierbei müssen die Pferde in Narkose abgelegt werden und der Hals muß stark gebeugt werden. Zum Teil werden Untersuchungen mit Kontrastmittel vorgenommen.

Als Ursachen kommen vor allem Traumen in Frage. So tritt diese Erkrankung bei Hengsten im Alter bis zu drei Jahren gehäuft auf. Stürze können Stauchungen des Halsmarkes nach sich ziehen und zu einer derartigen Erkrankung führen. Blutergüsse sind ebenfalls Ursache solcher Symptomatik, wenn sie auf das Rückenmark drücken. Verursachen sie keinen bleibenden Schaden, werden die Symptome nach Abklingen des Blutergusses besser. Möglicherweise können Herpesviren, die neurologische Ausfallserscheinungen hervorrufen, auch hier einsortiert werden. Die Aussichten für das erkrankte Pferd hängen sehr stark von der Schwere der Symptome und vom Heilungsverlauf in den ersten Tagen ab. Viele an Ataxie erkrankte Pferde können nicht geheilt werden. Leicht erkrankte Pferde sind zum Teil in der Zucht einsetzbar. Das sollte bei angenommener erblicher Veranlagung aber besser unterbleiben. Die Pferde leiden in aller Regel keinen Schmerz und können unkoordiniert eine ganze Weile herumlaufen. Zum Teil stellen sie aber eine Gefahr für den sie versorgenden Menschen dar. Immerhin haben wir es im Falle eines an Ataxie erkrankten normalen Warmblutes mit 600 kg unkontrollierbarer Lebendmasse zu tun.

Ataxien, die im ersten halben Jahr nach ihrem Auftreten noch vorhanden sind, bessern sich nicht mehr. Pferdelebensversicherungen, Sportuntauglichkeitsversicherungen und Krankenversicherungen schließen häufig das Risiko Ataxie aus.

VERÄNDERUNGEN AN DEN WEICHTEILEN

Verletzungen der Weichteile betreffen die Bänder und die Muskulatur des Rückens, erhebliche Strukturen, wenngleich uns die Aussage „Es ist nichts am Knochen" immer beruhigend zu sein scheint.

Bänder

Verletzungen der kurzen Bänder zum Beispiel durch Überdehnungen beim Festliegen, Überlastung oder Unfälle (Sturz, Ausrutschen) werden uns deutlich durch die resultierenden Verspannungen in der Rückenmuskulatur. Hier versucht das Pferd, durch Festhalten den Stabilitätsverlust auszugleichen. Bewegung schmerzt und führt zu dem für uns erkennbaren Symptom der Widersetzlichkeit. Derartige

Verletzungen sind sehr schwer zu diagnostizieren, sprechen aber auf eine allgemein schmerzstillende, entzündungshemmende und ruhigstellende Behandlung gut an.

Verletzungen und Veränderungen am langen Rückenband sind dagegen relativ gut diagnostizierbar. Zum Teil kann man bei chronischen Veränderungen im Röntgenbild Verkalkungen dieses Bandes ausmachen. Wichtig ist, daß wir nicht die Dornfortsatzkappen als solche Verkalkungen interpretieren. Verkalkung klingt furchtbar negativ und endgültig. Sie schränkt ja auch Bewegung und Elastizität zum Teil erheblich ein. Verkalkungen sind aber in erster Linie Reaktionen des Körpers auf Überforderung, Dehnung oder Faserzerreißungen, er verstärkt so an belasteten Stellen das Band, indem Kalksalze eingelagert werden. Die sichtbare Verkalkung ist also eine vom Körper verursachte Verstärkung der überlasteten Struktur.

Veränderungen an diesem langen Rückenband sind auch in der Sonographie sehr gut darstellbar. Selten gibt es nach Infektionen oder Abszessen Einschmelzungen im Bereich dieses Bandes. Sie sind stark beeinträchtigend und schwer zu behandeln.

Ebenfalls gibt es sogenannte Insertionsdesmopathien an diesem Band. Dieses tolle Wort beschreibt krankhafte Veränderungen an der Stelle, an der das Band in den Knochen einstrahlt und so an ihm angeheftet ist. Überdehnungen haben hier auch eine eventuell im Röntgenbild erkennbare Knochenveränderung zur Folge.

Das Kreuzdarmbeingelenk

Zwischen dem Kreuzbein, einem Teil der Wirbelsäule, und dem Darmbein, einem Teil des Hüftknochens, gibt es eine gelenkige Verbindung, die im Hinblick auf Rückenprobleme der Pferde eine besondere Bedeutung hat. Erkrankungen dieses Gelenkes sind nicht selten und ihre Abgrenzung von anderen zu Rückenproblemen führenden Ursachen ist schwierig. Das Kreuzdarmbeingelenk ist ein straffes Gelenk, das wenig Bewegung zuläßt. Es stellt die Verbindung zwischen Hinterbeinen und Pferdekörper her. Wegen der hohen Anforderungen, die an die Stabilität dieses Bereiches gestellt sind, ist das Gelenk von vielen sehr festen Bändern umgeben. In diesen Bandstrukturen kann es zu Zerrungen oder Zerreißungen kommen. Die Symptome sind den allgemeinen Symptomen der Ruckenprobleme sehr ähnlich. Eindeutige Befunde erhält man, wenn man den Kreuzbeinhöcker herausragen sieht oder hier einen Druckschmerz auslösen kann. Zum Teil verschlechtert sich eine einseitige Bewegungsstörung nach dem Hochheben des anderen Hinterbeines. Ultraschalluntersuchungen können helfen, den Verdacht auf eine Erkrankung des Kreuzdarmbeingelenkes zu erhärten. Röntgenaufnahmen dieses Bereiches sind nur beim auf den Rücken gelegten Pferd möglich. Die Betäubung des Gelenkes zur Diagnose ist schwierig. Sichere Ergebnisse liefert die Szintigraphie. Die Behandlungsmöglichkeiten sind mit Ausnahme der Chiropraktik, die hier besser unterbleiben sollte, dieselben wie bei bereits genannten primären Rückenerkrankungen.

Muskulatur

Verletzungen der Muskulatur sind häufig sekundäre Probleme, entstehen also aufgrund von Ursachen aus dem nächsten Kapitel. Als Weichteilverletzungen werden

41

sie dennoch im Überblick hier angesprochen, wobei dann später auf die möglichen Auslöser erneut eingegangen werden wird.

Der Kreuzverschlag

Verletzungen der Muskulatur treten in sehr unterschiedlichen Schweregraden auf. An erster Stelle bei den Erkrankungen der Rückenmuskulatur steht der Kreuzverschlag. Man nennt diese Krankheit auch Myoglobinurie (nach dem Muskelfarbstoff Myoglobin, der nach der erheblichen Muskelzerstörung mit dem Harn ausgeschieden wird), Lumbago (aus dem Lateinischen, etwa mit Lendenweh übersetzbar) oder Feiertagskrankheit. Wie der letzte Begriff andeutet, kommt diese Krankheit häufig nach freien Tagen vor. Besonders Pferde, die reichlich Kraftfutter erhalten und am Tag nach dem freien Tag ordentlich gearbeitet werden, entwickeln das dramatische Krankheitsbild. Die Pferde beginnen während der Arbeit plötzlich zu taumeln und verweigern das Weiterlaufen. Meist haben sie erhebliche Schmerzen und schwitzen stark. Die Rückenmuskulatur fühlt sich bretthart an, und bereits dieses Fühlen löst erheblichen Unmut beim Pferd aus (es ist glücklicherweise so bewegungsunfähig, daß es auch den ungeübten, langsamen und unvorsichtigen Untersucher nicht trifft). Nach einer Weile färbt sich bei schweren Fällen der Harn braunrot. Der Puls steigt stark an. Bewegt man diese Pferde weiter, so knicken sie in der Hinterhand ein und brechen schließlich zusammen. Aufstehversuche sind dann leider häufig erfolglos. Infolge der starken Schmerzen können auch einer Kolik ähnliche Symptome entwickelt werden.

Die Ursache liegt im Muskelstoffwechsel begründet. Gleichmäßig und an die Arbeit angepaßt ernährte und regelmäßig gearbeitete Pferde bekommen – eigentlich - nie Verschlag. Eigentlich, weil es kleine dicke Ponys gibt, die im Prinzip regelmäßig leicht gearbeitet, bereits nach zwei Tagen Ruhe auf der neuen leckeren Weide und einem kurzen, schnellen Ausritt in diese Situation kommen. Viel Futter und plötzliche Überforderung müssen unbedingt für jedes Pferd(chen) individuell betrachtet werden. Einige Pferde haben eine erhöhte Neigung, diese Krankheit zu entwickeln. An kalten Tagen kommt sie ebenfalls leichter vor. Hier liegt die Ursache in der bei kalten Temperaturen vermehrten Muskelarbeit. Pferde heizen, um ihre Körpertemperatur aufrechtzuerhalten, mit Muskelarbeit. Dreiviertel der so gewonnenen Energie wird in Wärme umgesetzt, nur ein Viertel in Bewegung. Fordert man vom sich gerade selbst einheizenden Organismus Bewegungsarbeit, ist die Muskulatur leichter als sonst zu überfordern. Ist es passiert, darf man auf gar keinen Fall das Pferd weiter bewegen. Die Lendenmuskulatur sollte warmgehalten werden und das Pferd bis zum Eintreffen des Tierarztes dort stehen gelassen werden, wo die Symptome begonnen haben. Trifft es einen im Gelände, muß man sein Pferd verladen und heimfahren. Auch vorsichtiges im Schritt nach Hause Führen kann zuviel sein, und liegt das Pferd erst auf dem Reitweg, ist es noch schlechter heimzubringen. Nach der sofort einzuleitenden Behandlung bleibt das Pferd eingedeckt in der Box. Auskunft über Art und Ausmaß des Schadens gibt ein Blutbild.

Tying up und Myalgie

Ähnlich ist das Krankheitsbild des „Tying up", das hauptsächlich bei Vollblütern beobachtet wird. Diese Erkrankung geht ebenfalls mit einer Bewegungsstörung der Hinterhand einher. Im Gegensatz zum Kreuzverschlag entwickelt sie sich langsam und auch bei regelmäßig gearbeiteten Pferden. Meistens entsteht das Krankheitsbild nach besonders anstrengender Arbeit. Einige Fälle werden auch auf psychischen Streß zurückgeführt. Die Ursachen sind wie beim Verschlag im Muskelstoffwechsel zu suchen. Möglicherweise spielt ein relativer Mangel an Vitamin E und Selen eine Rolle. Die Steifheit der Hinterhand macht sich nach der Arbeit bemerkbar, verschwindet nach ein paar Tagen Ruhe und tritt bei neu beginnender Arbeit erneut auf.

Hierzu passen Berichte über eine Muskelerkrankung bei Trabrennpferden. Sie wird Myalgie genannt und beginnt ebenso schleichend und unspezifisch. Die Pferde sind lustlos und ermüden schnell. Im Renntrab sieht man einen Koordinationsverlust bei der Bewegung der Hintergliedmaßen. Diese Pferde springen leicht im Bogen oder im Einlauf an. Das bedeutet, sie beginnen zu galoppieren, was im Trabrennen eben nicht gewünscht wird und zur Disqualifikation führen kann. Bei dieser Erkrankung der Trabrennpferde erkranken die Pferde vor allem im Alter zwischen drei und vier Jahren (in diesem Alter stehen aber auch die meisten Pferde im Training), und es erkranken überwiegend Stuten.

Weißmuskelerkrankung der Fohlen

Diese Erkrankung sei hier nur der Vollständigkeit halber kurz erwähnt. Sie kommt beim neugeborenen Fohlen und auch beim Absetzer im Herbst vor. Bewegungsunlust und Schwierigkeiten beim Aufstehen sind deutliche Symptome. Die Ursachen liegen wieder im Muskelstoffwechsel, vor allem in einem Vitamin E- und Selenmangel. Die Diagnose läßt sich leicht durch ein Blutbild bestätigen.

Rückenmuskelentzündungen

Schleichend entstehen ebenfalls durch unbeachteten Muskelkater, Überforderung, nicht wahrgenommene Verspannungen unterschiedlichster Ursache oder falsche Belastung zum Teil erhebliche Schäden an der Rückenmuskulatur. Solche Schäden sind zum Teil ertastbar, sicher aber durch eine Blutuntersuchung nachzuweisen. Beim Pferd gibt es verschiedene spezifische Muskelenzyme. Labore sind so nicht nur in der Lage, Herzmuskelschäden von Skelettmuskelschäden zu unterscheiden, sondern sie können uns sogar einen Hinweis geben, wie lange der Krankheitsprozeß im Gange ist. So lassen sich manchmal ungeglaubte Zusammenhänge nachweisen. Donnerstag tut der Rücken weh. Ein Blutbild vom Freitag meint, der Schaden sei zwischen drei und acht Tage alt. Gerade vorher war der Reiter noch überzeugt, daß die vielleicht ein wenig forcierte Springgymnastik vom vorigen Sonntag mit diesem Schmerz (Donnerstag) nichts zu tun haben könnte. Kann sie aber wohl. Vermutlich schmerzt es auch seit Montag, aber eben mit steigender Intensität. Durch die eher unspezifischen Symptome fällt es dann erst am vierten Tag auf. Das ist, so lehrt die Erfahrung, noch relativ früh. Die meisten Rückenprobleme werden erst in einem chronischen Zustand bemerkt.

SEKUNDÄRE RÜCKENPROBLEME

Schuld am Rückenproblem des Pferdes ist fast immer der Mensch. Zum erheblichen Teil durch Fehler in Haltung, Management, Ausbildung und Arbeit, zum Teil aber auch durch fehlende Aufmerksamkeit für gesundheitliche Schwierigkeiten.

Diese Aufstellung möglicher Ursachen von Rückenproblemen fängt mit letzteren an, damit auch der ungern selbstkritische Reiter noch einen Teil liest.

ZAHNERKRANKUNGEN

Sehr, sehr häufig sind Maulprobleme die Ursache von Rückenproblemen. Zuerst fällt vielleicht ein verändertes Verhalten beim Annehmen des Gebisses auf. Das Pferd hat Schmerzen im Maul und versucht diesen durch Festhalten oder Kopfschiefhalten zu entgehen. Hierbei entstehen erhebliche Verspannungen! Zum Teil reichen wenige Millimeter kleine Veränderungen am Pferdegebiß, um massive Probleme auszulösen. Wichtig ist, daß der Reiter bei Auffälligkeiten bald nach einer Ursache sucht, anstatt erst noch eine Weile darauf herumzureiten. Einige Pferdebesitzer fordern ihren Tierarzt bei jeder Impfung oder Wurmkur zur Kontrolle des Pferdegebisses auf. Andere deuten das Auftauchen von ganzen Haferkörnern im Kot als Zahnproblem, und manche beobachten, daß das Pferd zum Beispiel „Möhren so komisch

Dieses Pony hat ganz offensichtlich ein Problem mit den Zähnen.

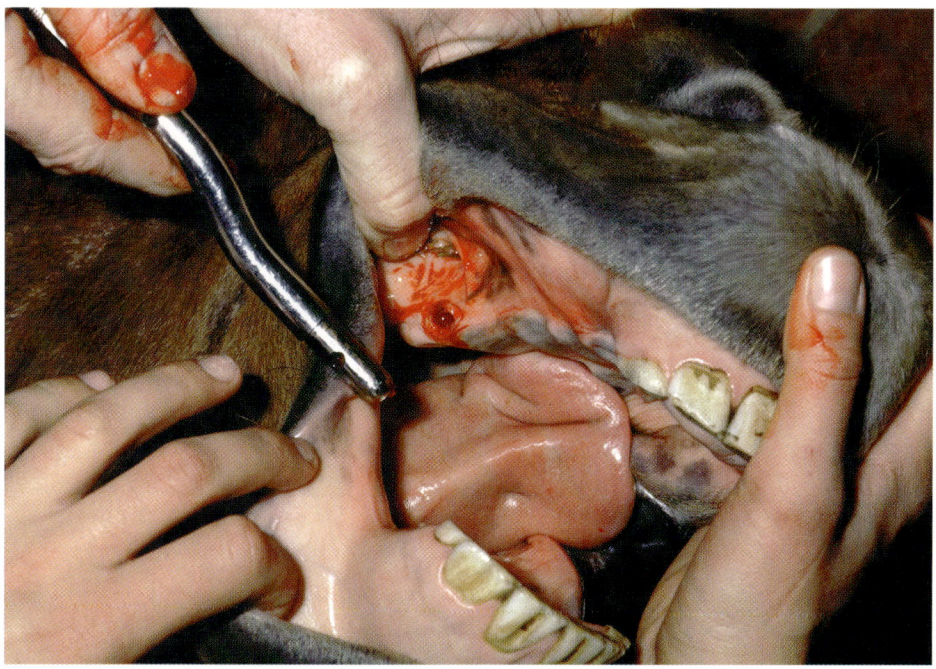

Hier wird ein Wolfszahn mit einem dazu vorgesehenen Spezialbesteck gezogen. So ein Eingriff erfolgt unter Betäubung. Foto: Prohn

Mit Hilfe eines Maulgatters ist diesem Pferd das Maul geöffnet worden. Alle Vorderbacken- und Backenzähne sind jetzt leicht zugänglich. Die Korrektur erfolgt mit einer elektrischen Zahnraspel. Foto: Prohn

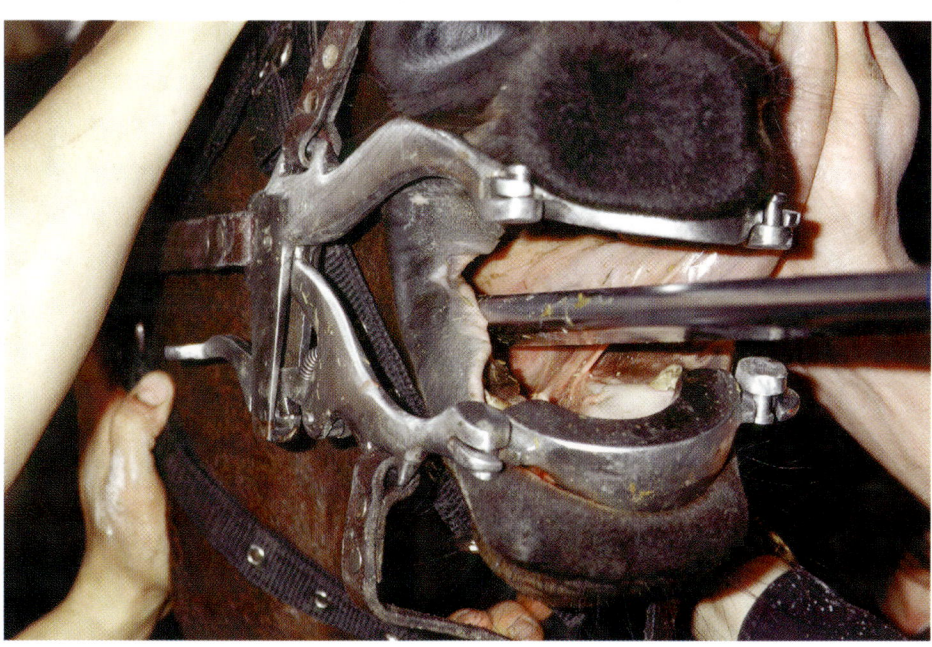

frißt". Ein Blick zuviel ins Pferdemaul ist sicher nicht verkehrt. Es gibt nämlich durchaus auch die Pferde, bei denen ein Zahnproblem erst gefunden wird, wenn sie über ein halbes Jahr trotz Wurmkuren und gutem Futter abmagern. Auch Pferde, die seit einigen Wochen beim Auftrensen steigen oder nach der Arbeit immer schon mal aus dem Maul bluten, werden vorgestellt. Wieviel Ärger man sich selber und wieviel Schmerzen man dem Pferd hätte ersparen können!

Die Untersuchung des Pferdegebisses muß sorgfältig und von jemandem vorgenommen werden, der etwas davon versteht. Mal drüber fassen und nicht richtig fühlen zu können aus Angst um die eigenen Finger reicht nicht.

Vermutet man das Vorhandensein eines Maulproblems, benötigt man einen Maulkeil oder ein Maulgatter, um die Zähne möglichst gefahrlos anfassen und angucken zu können. Ein bißchen Wissen über den Zahnwechsel und die Veränderung der Form von Pferdezähnen mit dem Alter ist notwendig. Benutzt man ein Maulgatter, darf man die Untersuchung der Schneidezähne nicht vergessen. Ein Griff auf die Stellen, an denen Hengst- und Wolfszähne sitzen können, ist ebenso nötig.

Wie es aussehen soll:

Fohlen werden mit zwölf Vorderbackenzähnen geboren. In den ersten Tagen kommen die inneren Schneidezähne, nach etwa sechs Wochen die mittleren Schneidezähne und nach etwa sechs Monaten die äußeren Schneidezähne dazu. Das Milchzahngebiß ist so mit 24 Zähnen komplett.

Durch den Zahnwechsel werden diese Zähne nacheinander durch bleibende Zähne ersetzt. Dazu kommen noch zwölf richtige Backenzähne (das Gebiß einer Stute hat in der Regel diese 36 Zähne) und bei Hengsten und Wallachen vier Hengstzähne (sie haben dann insgesamt 40 Zähne). Im Oberkiefer kommt bei einigen Pferden noch ein Wolfszahn, ein vor den Vorderbackenzähnen liegender, stiftförmiger Zahn dazu.

Die Zähne, die uns im Hinblick auf Reiten und Rückenverspannungen Probleme bereiten können, sind dieser Wolfszahn, die Hengstzähne beim Durchbrechen und die Vorderbackenzähne und Backenzähne beim Zahnwechsel und danach. Der Wolfszahn entsteht wenn überhaupt nur als bleibender Zahn und hat keinen Milchzahnvorläufer. Er erscheint im Alter von zwei bis vier Jahren. Der erste Vorderbackenzahn (ist eigentlich der zweite, der Rest des ersten ist der Wolfszahn) wechselt im Alter von zweieinhalb Jahren, der nächste im Alter von drei Jahren. Der letzte Vorderbackenzahn wechselt mit dreieinhalb bis vier Jahren. Dahinter erscheint im Alter von einem Jahr der erste Backenzahn, ein Jahr später der zweite und mit etwa vier Jahren der dritte. Mit drei bis vier Jahren brechen die Hengstzähne durch. Mit etwa sechs Jahren ist der Zahnwechsel abgeschlossen. Die Kauflächen der Vorderbackenzähne und Backenzähne sind rauh und horizontal gestellt. Die Zähne des Oberkiefers können dabei leicht nach außen über die Zähne des Unterkiefers hinausragen. An den Schneidezähnen kann man an der Form ihrer Kauflächen und der Tiefe der hierin vorhandenen Kunden das Alter des Pferdes abschätzen. Interessanterweise verschieben sich ab etwa dem siebten Lebensjahr die Unterkieferschneidezähne nach vorne, so daß am äußeren oberen Schneidezahn mit etwa neun Jahren ein sogenannter Einbiß entsteht, der erhalten bleibt, bis die Zähne des Oberkiefers nachziehen (etwa mit elf Jahren).

Davon abweichend kann man verschiedene Veränderungen finden:

Im simpelsten Fall reibt das Pferd seine bleibenden Zähne nicht regelmäßig ab und es entstehen im ansonsten regelmäßigen Gebiß sogenannte Zahnhaken. Die Reibefläche zwischen den Zähnen wird schräg, und derartige Haken entstehen im Unterkiefer an der Innenkante der Zähne, im Oberkiefer an der Außenkante der Zähne. Beginnt so ein Pferd mit Zahnhaken, sich vertrauenvoll die Hand zu suchen und abzukauen, beißt es sich permanent auf Zunge oder Backenschleimhaut. Das schmerzt und fördert weder die Durchlässigkeit noch den Spaß an der Arbeit. Derartige Zahnhaken sind nahezu immer auf einer Seite ausgeprägter. Beim englisch gerittenen Pferd ist es kein Kunststück, so im Gebiß die Schwierigkeiten in der Arbeit zu „lesen". Wird das Pferd am äußeren Zügel geritten, entstehen, wenn oben links Zahnhaken sind, Probleme, sobald das Pferd sich nach rechts biegt und umgekehrt. Neuerdings Schwierigkeiten in der Traversale zu haben, kann also durchaus auf ein Problem im Maul zurückzuführen sein. Pferde mit regelmäßigem Gebiß und täglichem Weidegang entwickeln in der Regel keine Zahnhaken.

Unregelmäßige Gebisse können erheblich leichter als regelmäßige schief abgerieben werden und das Annehmen des Zügels schmerzhaft werden lassen. Treppengebiß oder Wellengebiß sind bleibende Veränderungen, die regelmäßiger Kontrolle und Korrektur bedürfen, wenn das Pferd problemlos geritten werden soll.

Bei jungen Pferden gibt es zum Teil Schwierigkeiten während des Zahnwechsels. Der Begriff „jung" meint Pferde im Alter bis etwa sechs Jahren! Leider halten viele Menschen Pferde bis dreijährig für jung, haben sich an den Verschleiß der Zwölfjährigen gewöhnt und meinen zum Sechzehnjährigen „der ist aber schon alt"; meiner Meinung nach sind Pferde bis etwa sechsjährig jung, vorher sind viele noch nicht mal fertig gewachsen, alt werden Pferde so ab Anfang oder Mitte zwanzig, je nach Rasse und dem Leben, das sie geführt haben. Einige werden leider nicht alt. - Zum Teil bleiben die Reste der Milchzähne auf den bleibenden Zähnen hocken und behindern so den gleichmäßigen Abrieb. Man nennt diese Reste Kappen.

Einige Pferde, vor allem Hengste und Wallache, aber durchaus auch Stuten, haben erhebliche Probleme beim Durchbrechen der Hengstzähne. Das sind Zähne, die zwischen Schneide- und Backenzähnen oben und unten vorhanden sein können.

Dann gibt es noch zwei Zähne, die es im Prinzip nicht mehr gibt, die sogenannten Wolfszähne. Sie sind Erinnerung an den ersten Backenzahn, der bei Vorläufern der heutigen Pferde noch ausgeprägt war. Dieser Zahn sitzt wie ein kleiner Stift direkt an und vor dem zweiten Vorderbackenzahn. Bei einigen Pferden kann er Probleme bereiten. Wenn er schief oder unter dem Zahnfleisch wächst, stört er immer.

Lücken im Gebiß kommen natürlich nahezu nicht vor. Hatten Pferde schon einmal Probleme zum Beispiel mit der Entzündung einer Zahnwurzel, dann wurde möglicherweise ein Zahn entfernt, ein Umstand, den der Vorbesitzer besser mitgeteilt hätte. Problematisch werden solche Lücken, wenn die benachbarten Zähne sich verschieben und der normale Abrieb nicht mehr gewährleistet ist. Das Hauptproblem entsteht durch den gegenüberliegenden Zahn, dem sein Abriebpartner fehlt. Er wächst nahezu ungebremst bis in die Lücke. Er verhindert so auch normales Fressen, stört beim Abkauen und verursacht Schmerz, wenn er aufs Zahnfleisch drückt. Derartige Problemgebisse erfordern zwingend die regelmäßige Kontrolle.

Ziemlich selten gibt es zusätzliche Zahnanlagen. Ich erinnere einen Wallach, der von vier Tierärzten (mich eingeschlossen) über mehrere Wochen wegen Lahmheiten des linken Vorderbeines, Muskelproblemen, Rückenproblemen und Schulterlahmheit untersucht und behandelt wurde, bis schließlich ein überzähliger Backenzahn durchbrach und sich als Ursache allen Übels outete. Er war vorher wirklich nicht zu sehen. Natürlich sind während der längeren Erkrankung die Zähne untersucht worden, aber ohne daß ein Befund erhoben werden konnte. Ein Röntgenbild hätte schon eher Aufschluß gegeben - und wäre wohl kaum teurer gewesen als alle Untersuchungen an den Beinen. Dies nur als Beispiel, was Zähne alles verursachen können.

Schließlich gibt es auch noch Zahnfrakturen, die unbemerkt erhebliche Schmerzen auszulösen imstande sind. Infektionen der Zahnwurzeln gebrochener Zähne sind nicht selten.

Infektionen von Zahnwurzeln im Oberkiefer greifen manchmal auf die Kieferhöhle über. Diese Pferde bekommen einseitigen Nasenausfluß, der einfach wiederlich stinkt. Wer einmal schlechten Zahn gerochen hat, erkennt diesen Geruch sicher immer wieder. Zu diesem Zeitpunkt wird ein solches Zahnproblem kaum mehr übersehen, und es gehört von daher gar nicht in ein Rückenbuch.

GLIEDMASSEN-ERKRANKUNGEN

Lahmheiten können sehr leicht Rückenprobleme vortäuschen und auslösen. Vor allem geringgradige Lahmheiten der Hinterbeine werden häufig nicht erkannt. Die Pferde versuchen, eine Entlastungshaltung einzunehmen, und bewegen sich schief, Verspannungen entstehen und alsbald ist wirklich nicht mehr zu erkennen, ob es sich um eine Lahmheit oder ein Rückenproblem handelt. Ähnliche Phänomene haben wir, wenn Lahmheiten der Hinterhand nach vorne ausgeglichen werden. Zum Beispiel meint man zuerst, das Pferd sei im Trab vorne links lahm, dann stellt man fest, es geht im ganzen so komisch, und schließlich findet man die Ursache im rechten Hinterbein. Dieses Problem ist über den Rücken (doch, doch wir bleiben beim Thema) diagonal ausgeglichen worden. Das Pferd versucht immer, seine Mobilität zu erhalten. Einige Pferde können nur auf einer Hand gut galoppieren, das kann schon ein Hinweis sein. Schwierigkeiten mit dem Hinterbein führen auch zu Taktproblemen in Seitengängen und Traversalen. Starke Lahmheiten führen immer zu Rückenverspannungen. Pferde, die ein Vorderbein aufgrund einer Huflederhautprellung, einer Fraktur oder einer Hufrehe nicht belasten können und mögen, stehen erheblich verspannt vor uns. Interessanter sind die weniger eindeutigen Probleme.

Das Vorhandensein von Rückenproblemen macht immer eine gründliche Untersuchung der Beine erforderlich!

Genaues Betrachten der Beine ist der Beginn jeder Untersuchung. Wichtig ist, wie das Pferd dasteht, wie die Hufe beschaffen sind, ob eventuell Veränderungen der Zehen, etwa durch ein Schleifenlassen der Füße, vorhanden sind. Die Ungleichmäßigkeit der Muskulatur kann Aufschlüsse über längere Erkrankungen geben. Betasten der Beine gibt Hinweise auf vermehrte Wärme, Schwellungen, Druckschmerz oder erhöhte Pulsation der Gefäße.

Vortraben auf festem und weichem Boden und Bewegungen auf einer Kreisbahn sind nötig, um einem möglichen Grundproblem auf die Spur zu kommen. Provokationsproben werden außerdem gemacht. Hierzu zählen alle Beugeproben und das Rückwärtsrichten. Knieprobleme sind durch letzteres zum Teil diagnostizierbar.

Vor allem beim noch wachsenden Pferd sind häufig Knieprobleme Auslöser für Schwierigkeiten im Rücken. Fragen Sie Ihren Tierarzt, Ihren Schmied und Ihren Reitlehrer.

INNERE ERKRANKUNGEN

Erkrankungen der harnableitenden Wege können leicht zum Symptom Rückenschmerz werden. Nierenerkrankungen schmerzen auch bei uns erheblich. Ebenso können Eierstockentzündungen oder Zysten bei Stuten zu Arbeitsunwillen und Rückenproblemen führen. Einige Stuten entwickeln während der Rosse Rückenschmerzen, die nach der Rosse wieder vergehen. Diverse Stoffwechselerkrankungen und Tumore können sich ebenfalls negativ auf den Rücken auswirken.

FEHLER IN DER HALTUNG

Pferde können nur dann dauerhaft gesund und leistungsfähig bleiben, wenn sie pferdegerecht gehalten werden. Dieser Begriff ist unglaublich dehnbar. Pferdegerecht bedeutet: mehrere Stunden täglich freie Bewegung, dabei Kontakt mit anderen Pferden und frische Luft. Eine ganzjährig trockene, saubere Fläche, auf der das Pferd liegen kann, sollte vorhanden sein. Die Fütterung muß notwendige Beschäftigung bieten und der Nutzung des Pferdes angepaßt sein. Zuwenig ist dabei häufig gesünder als zuviel.

Optimale Haltung und Fütterung kann niemand seinem Pferd bieten. Sie besitzen keine größere karge Steppe, und Sie wollen Ihr Pferd ja auch sehen, fühlen und reiten. Alle Haltungsmängel, die wir in Kauf nehmen, müssen wir so gut wie möglich ausgleichen. Reine saubere Boxenhaltung ist ebenso verkehrt wie robuste ganzjährige Unterbringung im Matschpaddock. Rückenkrankheiten entstehen oft aus Mangel an Bewegung. Viele Pferde stehen sich regelrecht kaputt. Es ist möglich, Bewegungsmängel durch gute, durchdachte Arbeit zu kompensieren. Hengste wie die der Wiener Hofreitschule oder andere Schulhengste sind ausgeglichen und gesund ohne Freilauf und Herde. Das entspricht nicht der Natur des Pferdes und erfordert sehr viel Einfühlungsvermögen des Menschen. Wir müssen ein Boxenpferd in der relativ kurzen Zeit, die es die Box verläßt, so beschäftigen, daß es körperlich genug gefordert ist und sich im Kopf nicht langweilt. Das ist viel schwieriger als es sich schreibt und liest. Auch Pferde, die draußen stehen, bewegen sich von sich aus nicht genug, warum auch. Der Bewegungsanreiz der Nahrungssuche fällt weg, da wir ja mindestens dreimal am Tag servieren. Flucht vor Feinden ist bei den wenigen Wölfen auch kein häufiger Anreiz, zudem sind die meisten Weiden für einen schönen Galopp zu kurz. Gesellschaft anderer Pferde, interessante Gestaltung der Weiden und überlegte Fütterung schaffen Beschäftigung. Der Kontakt mit Artgenossen ist durch nichts zu ersetzen. Selber häufiger „Ei-Machen" oder die Anschaffung einer Gesellschaftsziege sind bestenfalls Notlösungen. Sichtkontakt zu anderen Pferden ist nahezu überall als Minimum möglich. Frische Luft ist für die Gesunderhaltung des gesamten Pferdeorganismus wichtig. Warme muffige Ställe sind vielleicht für uns bequemer, dienen den Pferden aber nicht. Pferde können gut tiefe Temperaturen aushalten (wenn wir sie scheren, müssen wir natürlich für Ausgleich sorgen). Sibirische Yakutenponys ertragen Temperaturen bis minus siebzig Grad, wenn sie ausreichend zu fressen haben. Was Pferde nicht gut dauerhaft ertragen, ist kalte Nässe. Graupelschauer um 0° Celsius ohne Möglichkeiten zum Trocknen setzen auch den ganz robusten Pferden zu. Auch naßgeschwitzte Pferde können, wenn sie an kalten Tagen ungetrocknet hinausgestellt werden, gesundheitliche Probleme davontragen. Das wird hier so breitgetreten, weil es häufig im Spätherbst bei Robustpferden Rückenprobleme gibt, deren Vorhandensein immer mit Erstaunen zu Kenntnis genommen wird.

Die Fütterung darf nie zu eiweißreich oder zu energiereich werden. Probleme wie Kreuzverschlag und Hufrehe würden dadurch begünstigt. Ausgewogene und der Arbeit angepaßte Fütterung ist immer anzustreben. Zu fette Pferde bekommen leichter Schwierigkeiten am Bewegungsapparat. Zu magere Pferde leiden leichter an Satteldruck. Speziell für die Rückenmuskulatur wichtig sind Vitamin E und Selen. Beide wirken über verschiedene Mechanismen einander ergänzend als Muskelschutz. Ein Mangel am Spurenelement Magnesium kann ebenfalls zu spezifischer Rückenproblematik führen. Derartige Mängel sind im Blutbild nachweisbar. Rückenkranken Pferden werden diese Stoffe in der Rekonvaleszenz häufig zugefüttert, dazu kommen wir aber noch.

FEHLER IM MANAGEMENT

Zum Management zählen die zahlreichen Kleinigkeiten im Tagesablauf ebenso wie die Beschaffenheit von Sattel und Zaumzeug.

Viele werden es kaum glauben, aber heute ist beweisbar, daß Pferde unter psychischem Streß körperlich leiden. Dem zu Rückenproblemen neigenden Pferd kann bereits die Schaffung eines streßfreien Alltags Erleichterung bieten. Regelmäßige gleichförmige Abläufe und annähernd konstante Futterzeiten schaffen hierfür die Grundlage. Überforderungen schaffen Streß und sollen wenn möglich vermieden werden. Streß kann durch längere Transporte und auch einfach durch die Trennung von einem befreundeten Pferd entstehen. Auch wenn der Reiter selber in Urlaub fährt, verursacht dies einigen sensiblen und stark menschenbezogenen Pferden ebenfalls Streß. Genauso können Pferde in der Nachbarbox, die unser Pferd nicht mag, Streß auslösen. Manche Pferde ärgern sich auch über schlechtes Wetter (ehrlich!). Sich ärgern führt auch bei den meisten von uns zu heftigen Nackenverspannungen, warum sollte es dem Pferd anders ergehen? Alle Streßsituationen kann man sicher nicht vermeiden, aber man kann sie trainieren und Pferde an außergewöhnliche Situationen bewußt gewöhnen. Die Pferde, die nur zweimal im Jahr Hänger fahren müssen, empfinden den Transport sicher stärker als Streß als das routinierte Sportpferd, das eben einmal die Woche in sein Auto steigt. Dressurpferde, die häufig allein oder in der fast leeren Halle gearbeitet werden, empfinden volle Abreitehallen als Streß (iih, kommt mir nicht zu nahe!). Das Springpferd, das Gedränge gewohnt ist, hat eher ein Problem, wenn es alleine in die Halle soll (Hilfe, wo sind denn die anderen!). Der Isländer, der sich in seinem Moor, seiner Herde und seiner Koppel gut auskennt, ist mit einer großen Halle bei Körung oder Vorführung leicht überfordert (huch!). Das Stallpferd weiß dagegen mit der Freiheit einer Weide nichts anzufangen (nun steh ich hier und was soll das?). Die Streßanfälligkeit ist auch individuell sehr unterschiedlich, der eine ist sehr empfindlich (oh Gott, was wollen die von mir), der andere eher gelassen (wird schon seine Richtigkeit haben, bitte, wenn ihr meint). Die Beispiele zeigen: Streßempfinden ist immer davon abhängig, was für eine nervliche Konstitution das Pferd mitbringt, und was es gewohnt ist.

Außer psychischem Streß gibt es aber durchaus noch andere Probleme im Management: Pferde sollen sich, wenn sie gestanden haben, aufwärmen können,

bevor sie Leistungen bringen. Beim Reiten ist das selbstverständlich, aber zum Weidegang oder an freien Tagen wird es häufig nicht beachtet. Pferde kalt aus der Box in der Halle laufen zu lassen kann genauso leicht eine Zerrung verursachen wie das gemeinsame Herauslaufen lassen am frühen Wintermorgen (am besten noch über Glatteis oder feuchtes Kopfsteinpflaster, gibt es alles). Pferde sollen einen Teil ihrer Nahrung vom Boden aufnehmen, dafür sind sie gebaut. Sie müssen die Möglichkeit zum Aufstehen und Hinlegen haben, ohne anzustoßen, sich festzulegen oder von anderen Pferden behindert zu werden. Ideal ist darüber hinaus ein schöner Platz zum Wälzen, oder das Angebot, sich nach der Arbeit auf dem Platz oder in der Halle kugeln zu dürfen. Pferde, die sich wohlig wälzen, haben in der Regel kein Rückenproblem (und Pferde, die sich vor Bauchweh wälzen, haben ein anderes Problem).

Gesundheitsschädliches Herumspringen in der Box zur Futterzeit oder futterneidische Rangeleien auf der Weide lassen sich erheblich einschränken, wenn zuerst Rauhfutter gefüttert wird und erst dann, wenn alle bereits fressen, die geliebten Körner gebracht werden (so herum ist es ohnehin gesünder).

Zaumzeug muß passend, heil und dem Ausbildungsstand von Pferd und Reiter angemessen sein. Ein Beispiel: Kandaren mit Unterlegtrense, die Zahnfleisch zwischen sich einklemmen können, verursachen Verspannungen der Rückenmuskulatur, während das Pferd sich dem Schmerz entzieht.

Sättel müssen in erster Linie zum Pferd und in zweiter zum Reiter passen. Wenn sie dann noch der gewünschten Reitweise

Ein Beispiel für nicht passendes Sattelzeug

Dasselbe Pferd mit passendem Sattel und Schlaufzügeln

Und noch einmal unser Freund „Little Joe" seitlich elastisch ausgebunden

und Mode entsprechen, hat man Glück. Hier werden die häufigsten Fehler gemacht. Gucken Sie sich genau an, ob der Sattel zu Ihrem Pferd paßt. Verlassen Sie sich dabei nicht nur auf den Experten, der Ihnen den Sattel verkaufen will. Der Schwerpunkt darf nicht zu weit hinten liegen, bei Westernsätteln ein häufig unwissend in Kauf genommener Umstand. Die Schultern müssen frei beweglich bleiben. Sättel, die hier drücken, beeinträchtigen erheblich. Lange Sättel auf kurzen Rücken behindern das Pferd. Sättel, die teilweise auf der Wirbelsäule aufliegen, verursachen Schmerzen. Wichtig ist, daß der Sattel auch dann noch nicht aufliegt, wenn Sie darin sitzen. Ob ohne Gewicht im Sattel eine Hand in die Kammer gepaßt hat, ist völlig unerheblich, wenn der Sattel unter Ihnen aufliegt. Die notwendige Ellenbogenfreiheit kann man mit speziellen Gurten schaffen, wo sie nicht vorhanden ist.

Unabhängig von Ausbildungsstand und Reitweise benötigt man zu jeder Zeit einen passenden Sattel. Erst mal mit einem beinahe passenden Sattel zu reiten, weil das Pferd sich ja durch Wachstum und Arbeit ohnehin noch verändert, schafft Rückenprobleme. Sättel mit Vorgurten richtig hinzulegen, ist eine nicht akzeptable Einengung.

Dickere Decken unter dem Sattel polstern zwar schön, engen aber die Kammer ein und entfernen uns weiter vom Pferd. Gelpads und ähnliche Unterlagen sind fürs korrekt gerittene, rückengesunde Pferd mit passendem Sattel überflüssig. Um rückenkranke Pferde zu entlasten, rückenempfindliche Pferde zu schonen oder als Folge der Einsicht in die eigene reiterliche Unvollkommenheit tun sie aber durchaus gute Dienste.

Haben Sie den Verdacht, daß der Sattel Ihrem Pferd nicht hundertprozentig paßt, oder fühlen Sie sich im Sattel nicht wohl, dann fragen Sie. Bestellen Sie einen Sattler, der Ihnen Vernichtendes über Ihren Sattel mitteilen wird und Ihnen einige (hoffentlich besser passende) Sättel zum Probieren mitbringt. Möglicherweise muß Ihr Sattel ja auch nur aufgepolstert werden oder erweist sich sogar als passend. Fragen Sie zusätzlich Ihren Tierarzt und Ihren Reitlehrer. Sie können sich heute auch eine Computeranalyse Ihres Sattels auf Ihrem Pferd machen lassen.

Bevor es Computer dafür gab, hat man ein Stück weißes Leinen genommen und unter dem Sattel direkt aufs Pferd gelegt. Nach einer Stunde Arbeit konnte man auf dem Leinen sehr gut sehen, wo der Sattel aufgelegen hatte und wo nicht. Aber das war schmutzig, schwarzweiß und nicht sehr exakt. Der Computer liefert eine exakte und farbige Analyse.

Das Reiten ohne Sattel wird von den meisten klassischen Ausbildern abgelehnt. Argumente hierfür sind sowohl der schlechte Sitz, der sich hieraus entwickeln soll, wie auch die punktuelle Belastung des Pferderückens. Dennoch soll, wer es kann und mag, ruhig mal ohne Sattel reiten. Am Fell kann man nachher sehen, wie unruhig

die Knie wirklich sind. Einfühlen in die Bewegung des Pferdes ist ohne Sattel leichter. Man selbst ist auch ohne Sattel leichter. Manche Pferde nehmen solche Alternative gerne an.

FEHLER IN DER AUSBILDUNG

Pferderücken müssen auf das Tragen von Lasten vorbereitet werden. Nur ein trainierter Rücken mit hinreichend ausgebildeter Muskulatur kann in der Lage sein, uns zu tragen.

Wichtig ist zuerst der richtige Zeitpunkt für den Beginn der Ausbildung. Zu frühe Beanspruchung der Pferde führt zu körperlicher (und seelischer) Überforderung und schädigt verschiedene Strukturen nachhaltig. Wachstumsbeeinträchtigungen oder Verzögerungen können die Folge sein. Zu lange Schonung des Pferdes ist sicher nett gemeint, überfordert das Pferd dann aber später, weil es nicht die Möglichkeit zu rechtzeitigem, der zu erwartenden Nutzung angepaßtem Training hatte. Lebenslange Schonung ist auch häufig keine Alternative, denn herumstehende Dekorationspferde werden auch krank und langweilen sich darüber hinaus. In Gefangenschaft gehaltene Pferde haben ein Recht auf Arbeit.

Im Vollblutrennsport ist es inzwischen üblich und vorgeschrieben, Röntgenuntersuchungen zur Belastbarkeit des Skeletts vorzunehmen. Derartige Entscheidungen sind sicher individuell zu treffen, eine allgemeine Vorschrift wie „Beginnen Sie mit drei Jahren und zwei Monaten" paßt auf nur eines von zehn Pferden. Durch den

Sport, in dem ja viele unserer Pferde zuhause sind und Leistungen zeigen sollen, ist der Arbeitsbeginn häufig vorgegeben. Es gibt Rennen für zweijährige Vollblüter und Rennen für zweijährige Traber. Halterklassen bei Quarterhorses beginnen ebenfalls zweijährig. Körungen sind häufig für dreijährige Pferde ausgeschrieben, auch bei als spätreif geltenden Rassen. So geht der Isländer eventuell zu früh unter dem Reiter, zu junge Pferde verschwinden im Hunderttagetest, und Warmblüter werden zu rechtzeitig für Stutenleistungsprüfungen, Dressur- und Springpferdewettbewerbe oder das Bundeschampionat vorbereitet. Für das Gros der Pferde ist das möglicherweise der richtige Zeitpunkt, aber wer einen Spätentwickler im Stall hat, sollte entgegen wirtschaftlicher Gegebenheiten zum Wohl des Pferdes warten. Ausbildung hat vor allem mit Geduld zu tun.

Beginnt die Ausbildung, ist wieder Geduld das Gebot der Stunde. Egal zu welchem Zweck und in welcher Disziplin man ein Pferd reiten möchte, solide Grundausbildung ist allen Reitens Anfang. Wer vermutlich eher nicht in der Lage ist, einem Pferd so eine Grundausbildung zukommen zu lassen, läßt sich helfen oder erwirbt ein gut grundausgebildetes Pferd. Fehler in dieser Ausbildungsphase sind zu schwierig korrigierbar, als daß man sie billigend in Kauf nehmen könnte.

Das Pferd lernt die später benötigten Gangarten zuerst ohne Reitergewicht ausbalanciert und taktrein zu gehen. Je nach gewünschtem Einsatz kommt Gewicht von oben oder von hinten dazu. Bodenarbeit und Longe können zum Muskelaufbau Unglaubliches leisten. Mit so wenig Hilfsmitteln wie Longe und Peitsche kann man aber auch ein Rückenproblem herbeischulen. Wenden Sie sich unbedingt an jemanden, der Ihnen kompetent mit Rat und Tat zur Seite steht.

In der Pferdeausbildung muß immer der jeweils nächste Schritt auf dem vorhergegangenen aufbauen. Klappt etwas nicht, so sind Rückschritte notwendig. Auch hier wieder Geduld, Geduld, Geduld.

Zu frühes Versammeln schadet ebenso wie nicht ab und zu eine Dehnungshaltung herbeizuführen. Zu langes „Latschenlassen" auf der Vorhand überfordert die Vorderbeine und die Schultern. Zu frühes Setzen überfordert Hinterhand und Rücken. Zu enges Ausbinden fördert das Wegdrücken des Rückens. Zum Teil benötigen unterschiedliche Aufgaben unterschiedliche Muskelgruppen. Im freien Schritt entsteht eine Art Pendelbewegung des Rumpfes. Der Trab unter dem Reiter erfordert den aufgewölbten Rücken so sicher wie der Tölt nur mit weggedrücktem Kreuz taktrein und schön wird. Der Renntraber hält den Kopf hoch (beziehungsweise wird mit dem Overcheck zum Kopfhochhalten veranlaßt) und trabt mit den Hinterbeinen außen an den Vorderbeinen vorbeifußend. Das klassisch gerittene Pferd hält den Hals gewölbt und tritt mehr aufwärts als vorwärts. Die Materie ist kompliziert. Menschen, die gut Pferde ausbilden können, haben das viele Jahre lang intensiv gelernt. Eine Anleitung zur Ausbildung in diesem Rahmen kann es nicht geben. Nur der sehr deutliche Hinweis auf Fehlerquellen muß zur Schulung Ihres Problembewußtseins gegeben werden.

Hier sind gebißlose Zäumung und Kandare kombiniert verschnallt. Foto: Prohn

FEHLER IN DER ARBEIT

Ebenso wie im Abschnitt Ausbildung wird es sicher nicht möglich sein, hier mal eben - gültig für alle Reitweisen und Rassen - zu beschreiben, wie man ein Pferd korrekt arbeitet. Auf das Arbeiten mit dem bereits rückenkranken Pferd wird im letzten Kapitel eingegangen werden.

Hier werden lediglich einige der Fehler genannt, aufgrund derer sich Rückenprobleme entwickeln können.

Ein Pferd aus der Box zu nehmen, hundert Meter zur Halle zu führen und dann sofort intensiv zu arbeiten ist falsch. So wie wir uns vor dem Sport aufwärmen und dehnen, muß es auch dem Pferd möglich sein. Dazu bedarf es gar nicht unbedingt viel Zeit. In unterschiedlichen Nutzungen sind unterschiedliche Verfahren üblich. Einige Pferde werden geführt, andere ablongiert. Manche lassen das Pferd erst an der Hand übertreten, andere reiten zu Beginn der Arbeit am langen Zügel Schritt. Genauso gibt es Pferde, die im Galopp gelöst werden. Wichtig ist, die Muskulatur erst einmal zu lösen und zu dehnen und so die Muskeln mit Sauerstoff und Energieträgern zu versorgen (sonst werden sie im wahrsten Sinne des Wortes sauer). Beginnt man dann mit der Arbeit, muß man sich vor Überforderung hüten. Manche Pferde bieten mehr an, als sie zu dem Zeitpunkt tatsächlich zu leisten imstande sind. Entstehen Mißverständnisse, so sollte der Reiter den Fehler zuerst bei sich suchen: Sitzt er ausbalanciert und gibt eindeutige, für das Pferd verständliche Hilfen? Wenn Sie sicher sind, daß Ihr Pferd weiß, was Sie wünschen, fragen Sie sich bei Widersetzlichkeiten bitte immer, ob es die geforderte Leistung nicht bringen kann oder nicht bringen will. Sind

Sie dann sicher, daß Sie richtig verstanden worden sind und das Pferd der Anforderung physisch und psychisch gewachsen ist, fragen Sie sich auch noch, warum es wohl nicht will. Vielleicht tut ihm etwas weh. Nur wenn Sie auch das sicher ausschließen können, hauen Sie drauf. Es wird nie der Fall sein, Pferde sind einfach zu nett.

Üblicherweise werden Pferde für Ausbildungsmängel und Reiterfehler bestraft, verstehen dann die Welt nicht mehr und Ihre Hilfengebung schon gar nicht. Sie bekommen dann oben wie unten Verspannungen.

Ein paar direkte Worte zu Verspannungen des Reiters. Sie sollten, wenn Sie selber stark angespannt, geärgert oder verspannt sind, nicht reiten. Wenn Sie reiten, um sich nach dem Ärgern zu entspannen, benutzen Sie Ihr Pferd als Therapeuten, auch dafür kann man es ausbilden (s. S. 58).

Pferde reagieren sehr sensibel auf Körpersprache, was im Prinzip erfreulich und bei entsprechender Körperbeherrschung in der Kommunikation gut nutzbar ist. Verärgert kommunizieren wir aber auch körpersprachlich, ohne daß es uns bewußt werden muß. Das Pferd, auf das wir verärgert zugehen, fragt sich dann selbstkritisch, was es uns getan hat, und verändert sein Benehmen. Ein einfaches Beispiel für derartige Kommunikation sehen Sie, wenn Sie draußen lebende Pferde beobachten. Sie sind sensibel gegen Umweltveränderungen, vorsichtig und immer fluchtbereit. Hebt nur ein Pferd der Herde witternd den Kopf und hält die Luft an, unterbrechen die anderen das Fressen, stehen auf, wenn sie geruht hatten, und bereiten sich auf eine eventuell notwendige Flucht vor. Ist das auslösende Tier ranghoch, entsteht sofort Anspannung und Unruhe. Was soll Ihr

Pferd tun, wenn Sie, der große Chef, mit angehaltenem Atem und erhobenem Kopf in den Sattel steigen? Daß es sich unter Ihnen entspannt, können Sie nicht ernsthaft erwarten. Ohne Entspannung zu arbeiten verursacht Streß.

Ohne Motivation zu arbeiten macht Entspannung unmöglich. Pferde, die in der Therapie und im Unterricht für Reitanfänger eingesetzt werden, müssen klug und nervenstark sein. Sie gehören aufgrund ihrer verantwortungsvollen Aufgabe sehr gut ausgebildet und müssen in der Lage sein, verspannte Reiter, die falsche Hilfen geben, zu (er)tragen. Pferde, die in der Therapie mit spastischen oder autistischen Kindern arbeiten, können, wenn sie für diese Arbeit geeignet sein sollen, nie so abgestumpft sein, daß sie die Verspannungen der kleinen Reiter nicht spüren. Sie sollen im Gegenteil helfen, solche Verspannungen aktiv zu lösen. Das ist sehr, sehr schwierig und erfordert besonderen Pflegeaufwand für diese Pferde. Sie müssen zwischen den Arbeitseinheiten gut geritten oder anderweitig gearbeitet werden. Diese Pferde leisten Unglaubliches und sind menschlichen Therapeuten häufig überlegen.

Um zurück zum Thema zu kommen: Damit Pferde nicht überfordert und krank werden, müssen sie regelmäßig (oder gar nicht) gearbeitet werden. Pferde, die sich in der Woche nur ein paar langsame Schritte auf der Koppel bewegen, kann man am Wochenende nicht stark beanspruchen. Pferde, die gestanden haben, müssen langsam wieder an die Arbeit herangeführt werden. Fehler führen zu Verspannungen, Überforderung und Streß. Alles Punkte, die uns inzwischen als Auslöser für Rückenprobleme bekannt sind. Trainings-

fortschritte müssen langsam und aufeinander aufbauend erzielt werden. Täglich gesteigertes Training in Einheiten von weniger als dreißig Minuten kann dazu geeignet sein. Auch das Intervalltraining der Traber funktioniert. In Ausdauersportarten wie dem Distanzreiten werden einige Pferde auch nur alle zwei Tage tatsächlich trainiert. Die Muskulatur kann sich zwischendurch regenerieren und die Trainingseffekte sind deutlich. Einmal die Woche bis zum Muskelkater reiten hat keinerlei Trainingseffekt.

Die Verwendung von Hilfszügeln und Spezialgebissen gehört ausschließlich in die Hände des Profis. Profis sind hier diejenigen, die damit umgehen können und einen speziellen Hilfszügel kurzzeitig bei einem speziellen Pferd zur Lösung eines speziellen Problems einsetzen. Profis sind nicht zwangsläufig diejenigen die sich dafür halten oder die die meisten Schleifen haben. Speziell durch die zu häufige und falsche Anwendung von Hilfszügeln werden Pferde rückenkrank. Am besten hierfür eignet sich der täglich eingesetzte Schlaufzügel. Falsch angewandt stellt er das Pferd auf den Kopf. Die schöne Haltung, in die man ein Pferd damit leicht ziehen kann, gaukelt uns Versammlung vor. Es ist nicht möglich, Pferde von vorne nach hinten zu versammeln. Der Schwung, der auf den Pferdekörper übertragen werden soll kommt aus der Hinterhand. (Der Kopf hat ja auch gar keine Beine.) Bringt man Pferde mit der Nasenlinie hinter die Senkrechte, biegt man den Hals übermäßig nach oben und drückt damit den Rücken weg. Training der Rückenmuskulatur kann so nicht stattfinden. Das gilt auch für zu eng ausgebundene Pferde an der Longe. Hilfszügel, die dem Pferd helfen können, den Weg nach vorwärts abwärts zu finden, können gut eingesetzt werden. Ein Martingal kann die Sicherheit des Reiters auf einem gerne mal steigenden Pferd erheblich verbessern. Aber auch so ein Martingal muß korrekt verschnallt sein. Knickt es den Zügel ab, unterbricht es die (hoffentlich) feine Kommunikation der Reiterhand mit dem Pferdemaul (wie bei „stille Post" verändert sich dann die Information unterwegs). Ausbinder können dem Pferd an der Longe ins Gleichgewicht helfen. Sie stabilisieren auch Schulpferde unter ungeübten Reitern. Der fortgeschrittene Reiter auf dem fortgeschrittenen Pferd sollte ohne Hilfszügel auskommen können. Liebevolle Bezeichnungen wie „Schlaufis" täuschen uns über durchaus nicht liebenswerte Sachverhalte.

Gebisse, die man zum Reiten seines Pferdes verwendet, sollte man im Hinblick auf ihre Wirkungsweise verstanden haben. Wer mit dem Wortteil „Freiheit" der großen Zungenfreiheit große Pferdefreundlichkeit zuschreibt, hat vergessen, daß Pferde Oberkiefer haben. Die durch eine Spielrolle oder ähnliches geschlossene Zungenfreiheit widerspricht sich selbst. Kandaren als Trensenverstärker eingesetzt verfehlen ihre Funktion. Das mechanische Hackamore ist keinesfalls eine sanfte Zäumung, es ist nur eine Zäumung, die eben nicht auf den Laden schmerzt. Verwirrenderweise heißt sie eben wie die klassische Hackamore und wird mit dem gebißlosen Bosal häufig in einem Atemzug beschrieben. Als Verwandte des Kappzaums findet die das Pferdemaul in Ruhe lassende Serreta vor allem in der Ausbildung von spanischen Pferden Anwendung. Von der Sanftheit solcher Hilfsmittel zeugen diverse Narben auf ehemals schönen Nasenrücken. Das sweet iron der Westernreiter ist die schöne Bezeich-

nung für rostende Gebisse. Sie sind den Pferden angenehm und regen zum Kauen an, wirken aber ansonsten wie ihre stählernen Entsprechungen. Fragen Sie nach der Wirkungsweise der von Ihnen benutzten Gebisse (den Sattler, den Reitlehrer, den Tierarzt oder eben den Profi). Darüber hinaus probieren Sie es aus, legen Sie das Gebiß auf Ihre flache Hand und lassen eine Person Ihres Vertrauens an den Zügeln ziehen. Die normale Wassertrense kann durch einen Nußknackereffekt Schmerzen verursachen, die Sie ihr gar nicht zugetraut hätten. Zuviel Gebiß im Pferdemaul kann genauso störend sein wie zu scharfe, dünne Gebisse. Das Vorhandensein und die Verschnallung von Sperrhalftern verändern die Einwirkung außerdem. Das allerwichtigste an jedem Hilfszügel und jedem Gebiß ist die Hand, die es benutzt! Gucken Sie trotzdem nicht runter. Ein Runtergucken auf die Hände belastet die Vorhand des Pferdes mit etwa fünf Kilo zusätzlichem Gewicht, ohne daß Sie eine Hilfe geben wollten.

Versuchen Sie immer in der Arbeit die von Ihnen angestrebten Erfolge in einem realistischen Rahmen zu halten. Unerreichbare Ziele verursachen Streß und Überforderung. Wenn Sie selbst Angst vor dem Springen haben, begrenzt das Ihren Fortschritt in dieser Disziplin erheblich. Projizieren Sie nicht Ihr Problem auf Ihr Pferd. Schaffen Sie sich Wochenziele und freuen sich gemeinsam mit Ihrem Pferd daran, wenn kleine neue Schritte klappen. Wiederholen Sie einzelne Lektionen nicht zu oft; werden sie gut beherrscht, produzieren sie Unlust und Langeweile, werden sie noch nicht beherrscht, produzieren sie Muskelkater. Beschränken Sie Übungen mit starkem Verschleiß auf das notwendige Maß (keiner muß täglich hoch springen oder Schulen über der Erde üben oder Spins und Sliding Stops trainieren). Beenden Sie die Arbeit mit einer Übung, die Sie sicher beherrschen.

Versuchen Sie, als Ziel Ihrer Arbeit die Gymnastizierung des Pferdes zu sehen. Daß Sie zufrieden sind und Ihr Pferd durch die Arbeit besser wird, ist sicher wichtiger als der nächste Wettbewerb. Idealerweise werden die Pferde durch die Arbeit stark, schön und stolz. Auf so einem Pferd sehen Sie dann auch besser aus.

Am Ende der Arbeit müssen die Pferde bis zur Beruhigung weiter versorgt werden. Hierfür eignen sich Trockenreiten oder Trockenführen, Eindecken (Umdecken nicht vergessen) oder etwas moderner Parken unter Besonnungsanlagen. Schwellungen an den Beinen und am Rücken, Schmerzempfindlichkeiten oder starkes Nachschwitzen machen den Reiter möglicherweise auf beginnende Probleme aufmerksam.

BEHANDLUNG PRIMÄRER RÜCKENPROBLEME

In diesem Abschnitt sollen allgemeine Behandlungsansätze ebenso besprochen werden wie spezifische Vorgehensweisen im Einzelfall. Auf die Arbeit mit dem rückenkranken Pferd wird dann im letzten Kapitel ausführlich eingegangen. Die Erholungsphase und das Aufbautraining sind Thema des vorletzten Kapitels. In aller Regel wird das akut rückenkranke Pferd zunächst nicht geritten. Im späteren Heilungsverlauf kann dann zur Gymnastizierung und zum Aufbau mit speziellen Trainingsprogrammen begonnen werden.

Folgende Behandlungsansätze können einzeln oder parallel begonnen werden:

- Ruhe
- Verbesserung im Management
- Physiotherapie
- Manipulation
- Akupunktur
- Homöopathie
- Medikamente
- Chirurgie

Im einzelnen:

RUHE

Akut schmerzhafte Prozesse am Rücken sollen vollständig zur Ruhe kommen. Das gelingt am Anfang häufig nur mit der ausschließlichen Boxenruhe. Das Pferd sollte tatsächlich vierundzwanzig Stunden in der Box bleiben. Viele Pferde legen sich in dieser Phase nicht hin, sie schonen den Rücken so selber. Einige Pferde können an der Hand im Schritt auf ebenem, festen Boden geführt werden. Beides gestaltet sich bei vielen Pferden schwierig. Vor allem wenn der Schmerz nachläßt, ist die Einsicht des Pferdes in die erzwungene Ruhe nicht unbedingt zu erwarten. Helfen Sie sich und Ihrem Pferd, indem Sie den Boxenaufenthalt angenehm gestalten. Stellen Sie den Freund in die Nachbarbox. Wählen Sie eine Box, von der aus Ihr Pferd etwas vom Treiben auf dem Hof mitbekommt, und besuchen Sie es häufig. Pferde, die keine Frakturen haben, können Knabberhölzer und Futterrüben vom Boden bekommen, beides beschäftigt für eine Weile. Zum Schrittführen suchen Sie Wege aus, auf denen wenig Erschreckendes vorkommt. Gehen Sie notfalls in die Halle, das ist zwar langweilig, gibt Ihnen aber eine gewisse Sicherheit. Führen Sie mit Trense, ein Halfter ist oft überfordert und Panikhaken heißen so, weil Sie beim daran Rucken aufgehen und uns in Panik versetzen. Springt Ihr Pferd trotzdem in der Box und beim Führen herum, schadet es sich selbst. Unterbinden Sie solches Verhalten notfalls mit Beruhigungsmitteln (die gibt Ihnen Ihr Tierarzt).

Vernünftige Pferde können allein oder in ausgeglichenen Gruppen auch im Paddock oder auf der Weide bleiben. Wenn Sie sicher sind, daß Ihr Pferd nicht von sich aus herumtobt und von keinem anderen Gruppenmitglied gejagt wird, ist das die bessere Alternative. Frakturen sind hier ausgenommen, sie gehören in die Box. Vermeiden müssen wir die gleichzeitige Gabe von Schmerzmitteln mit dem Angebot zur freien Bewegung auf der Weide. Schmerz ist nicht nur negativ, sondern hat auch eine gewisse Schutzfunktion. Nehmen wir medikamentell das Schmerzempfinden, ohne die Ursache zu beseitigen, so verführen wir das Pferd (das sich ja von sich aus gerne bewegt) dazu, sich mehr zu bewegen, als ihm zu diesem Zeitpunkt guttut.

MANAGEMENT

Wir müssen versuchen, die Haltung, den Tagesablauf und die Arbeitsgewohnheiten so optimal wie möglich zu gestalten. Ziel ist es, mögliche Ursachen für Rückenprobleme abzustellen. Auch wenn es Ihnen für sich selber vielleicht nicht gelingt: schaffen Sie Ihrem Pferd einen streßfreien Alltag. Versuchen Sie es so pferdegerecht wie möglich zu halten. Lassen Sie es täglich mit anderen Pferden draußen spielen. Verschaffen Sie ihm genug Bewegung und gestalten Sie die Arbeit abwechslungsreich.

Lassen Sie Ihr Pferd an Rasse und Nutzung angepaßt ernähren. Die Ration sollte so zusammengesetzt sein, daß das Pferd mehrere Stunden täglich mit Fressen und Herumknabbern beschäftigt ist, ohne zuviel Energie und Eiweiß aufzunehmen. Viele kleine Portionen sind besser als wenige große (Portionen über fünf Liter Volumen auf einmal sind eher unbekömmlich). Benötigt Ihr Pferd mehr Energie als Sie so hereinbekommen, schaffen Sie eine zusätzliche Mahlzeit, statt die vorhandenen Mahlzeiten zu vergrößern. Immer sollte zuerst und überwiegend Rauhfutter gefüttert werden. Daß Ihr Pferd immer Appetit

hat, wenn Sie kommen, ist kein Indiz dafür, daß es zuwenig zu fressen bekommt.

Schaffen Sie sich unbedingt heiles, geeignetes und vor allem passendes Sattel- und Zaumzeug an. Ein schlecht sitzender Sattel kann ein eben überwundenes Problem sofort wieder entstehen lassen.

Bleiben Sie selbstkritisch und lernen Sie reiten. Reiten können kann man nie! Natürlich ist es richtig, daß man reiten nur durch reiten lernt und ebenso eine Binsenweisheit ist, daß ein „gutes" Pferd einem viel mehr beibringen kann als drei gute Reitlehrer. Darüber hinaus können Sie aber auch anderen beim Reiten zusehen und abwägen, was davon Ihnen für Sie und Ihr Pferd geeignet erscheint. Es gibt Unmengen von Demonstrations- und Lehrvideos, die käuflich erworben werden können. Dazu gibt es in jedem Stall Menschen, die Vorbilder sind, sein wollen oder werden könnten. Und Sie können lesen (sonst wären Sie jetzt nicht hier). Lesen Sie Reitlehren und Vorschriften aus allen Sparten der Reiterei und aus allen Jahrhunderten. Sie werden feststellen, daß viele grundlegende Dinge sich nicht wirklich unterscheiden und Sie werden sehen, wie manches, was uns heute selbstverständlich ist, entstanden ist. Die allermeisten Reiter steigen zum Beispiel immer von links auf, warum? Es belastet den Rücken einseitig und das aus keinem echten Grund.

Tradition und Gewohnheit haben uns dazu gebracht, daß wir von rechts gar nicht aufsteigen können - versuchen Sie es, es wird nicht elegant aussehen und darüber hinaus Ihr Pferd verwirren (dies aber nur aus Gewohnheit, die Tradition interessiert es nicht). Viele kluge Zusammenhänge der Reiterei sind in vergangenen Jahrhunderten verständlicher beschrieben worden als in den modernen Reitlehren. Informationen, die Sie nach dem vielen Lesen über haben, können Sie zum Prahlen verwenden oder vergessen, aber auch hier gilt: Dümmer wird man nicht davon.

PHYSIOTHERAPIE

In dieses Gebiet gehören verschiedene Bestrahlungen, Wärmeanwendungen, Faradismus, Massagen, Gymnastik, Laufbandtraining, Wassertreten und Schwimmen. Der Vollständigkeit halber sollten eventuell bei den Bestrahlungen auch Bioresonanz und Reiki erwähnt werden. Beide Verfahren finden Anwendung und beiden werden Erfolge nachgesagt. Ich bin nicht in der Lage, diese energetischen Behandlungen zu beschreiben, und habe damit selber auch zu wenig Erfahrung. Interessiert es Sie, dann suchen Sie sich jemanden, der sich darin auskennt.

Bestrahlungen und Wärmeanwendungen bringen zusätzliche Energie in das Gewebe. Sie regen Selbstheilungsprozesse an, fördern die Durchblutung und können Muskulatur entspannen. Durch Entspannung wird die Muskulatur dann auch besser durchblutet als im angespannten oder verspannten Zustand, in dem die Blutgefäße geradezu abgedrückt werden. So wird geschädigtes Gewebe nicht nur zur Regeneration angeregt, sondern auch mit entsprechenden Nährstoffen und Sauerstoff versorgt. Bestrahlungen mit dem Softlaser können ebenso eingesetzt werden wie Magnetfelder. Der Laser dringt weniger tief in das Gewebe ein und bestrahlt nur eine kleine Fläche pro Zeiteinheit. Diese Methode ist aufwendiger als die Bestrahlung mit dem Magnetfeld. Dafür kann sie in begrenzten

Arealen überlegen sein. Magnetfeldbestrahlungen sind umstritten, weil es Schulmediziner gibt, die das hier aufgebaute Spannungsfeld für unbedeutend halten. Erfolge werden aber durchaus erzielt und sind in der Literatur beschrieben. Beide Geräte kann man leihen und nach Einweisung die Behandlungen selber durchführen. Je nach Erkrankungsgrad und Gerätetyp sind Behandlungen zweimal täglich, täglich oder alle zwei bis drei Tage notwendig. Da man weder die Regenerationskapazität ins Unendliche steigern kann noch einen entspannteren als den entspannten Zustand erreichen, genügen in aller Regel Behandlungen über einen Zeitraum von bis zu zwei Wochen. Anschließend unterbricht man diese Behandlungen und gönnt seinem Pferd lieber nach ein paar Wochen einen neuen Behandlungsblock. Diese Behandlungen schaden nicht, können also auch durchgehend durchgeführt werden, nur der Nutzen verliert sich aus den genannten Gründen.

Die Anwendung von Wärme kann auf viele verschiedene Arten durchgeführt werden. Bereits das Eindecken des rückenkranken Pferdes schafft nahezu immer Erleichterung durch Warmhalten. Wärmepackungen können diesen Effekt verstärken. Solche Packungen kann man mit Umschlägen nach Prießnitz oder nach Kneipp machen. Diese Umschläge sind in ihrer Wirkung nahezu identisch, der Kneippumschlag verwendet ein Baumwolltuch als Zwischenschicht, wodurch die Wirkung langsamer und gleichmäßiger zustande kommt. Die Anwendung des Kneippwickels: Sie benötigen ein grobes Leinentuch, ein Baumwolltuch und ein Wolltuch, dazu für hinterher eine Abschwitzdecke. Das Leinentuch wird in

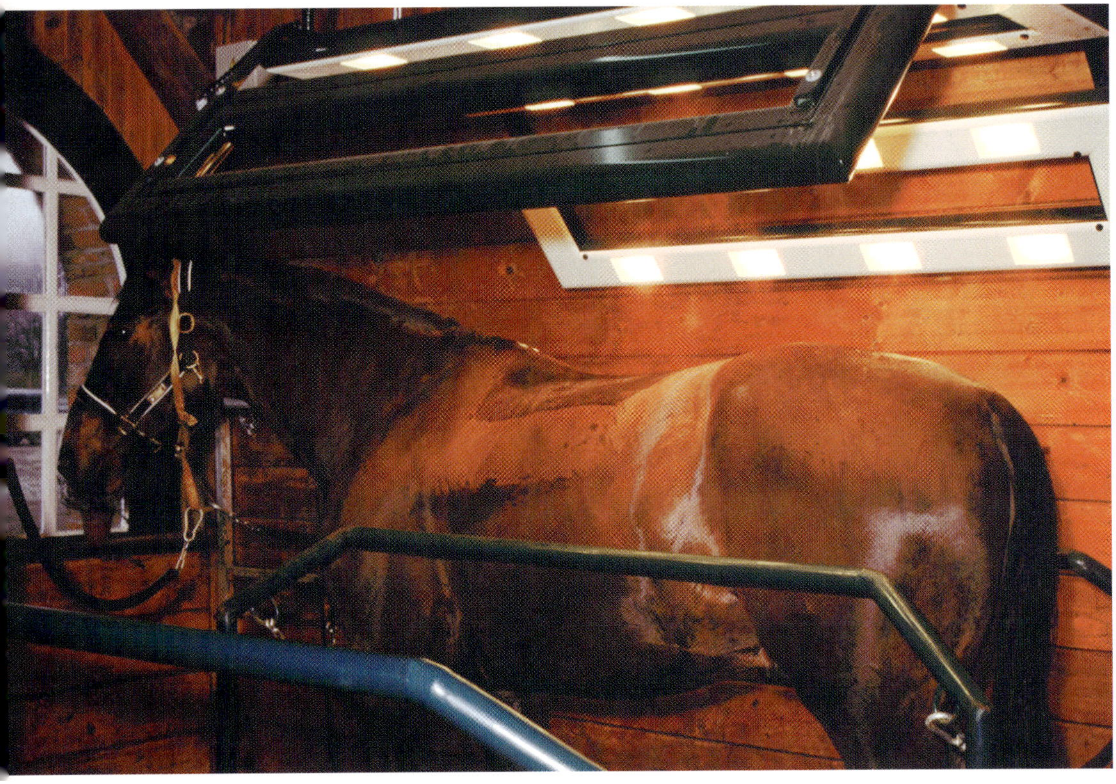

Bestrahlungen im Solarium sind vor und nach der Arbeit wohltuend. Foto: Prohn

heißem Wasser angewärmt und ausge-
wrungen. Eventuell kann es sinnvoll sein,
dem Wasser ätherische Öle (z. B. Latschen-
kiefer) hinzuzufügen. Das Tuch legt man
dann über den gesamten Rücken. Zuerst
das Baumwolltuch und dann das Wolltuch
darüberlegen und etwa eine halbe Stunde
liegen lassen. Beim Abnehmen soll das
Tuch sich noch leicht warm anfühlen. Die
Abschwitzdecke auflegen, bis das Pferd
ganz trocken ist. Wenn Sie derartige
Wickel versuchen, seien Sie gegen Läste-
reien immun, die Methode ist alt, aber
nicht überholt. Wenn die Entspannung
und Erleichterung Ihres Pferdes zu sehen
ist, werden die Lästerer leiser. Als sehr
angenehm werden häufig auch Bestrahlungen mit Rotlicht empfunden. Viele Reit-
ställe und Vereine bieten inzwischen die
Nutzung von Besonnungsanlagen an.
Gegen ein wenig Silbergeld in dem Münzautomaten wird das Pferd dann einige
Minuten angestrahlt. In diesen Anlagen
sind häufig Rotlichtlampen und UV-Lam-
pen kombiniert, so daß deren Nutzung
den Pferden auch den Aufenthalt im Frei-
en ersetzen können soll. Für den von uns
gewünschten Wärmeeffekt ist Rotlicht
allein genauso gut. Hat man ein rücken-
krankes oder anfälliges Pferd, sollte die
Anschaffung einer solchen Anlage unbedingt erwogen werden. Sie wird, einmal
vorhanden, häufiger genutzt werden, als
Sie sich heute vorstellen können. Sie hilft

Pferden mit Rückenproblemen vor und nach dem Gerittenwerden, sie erleichtert Pferde mit witterungsbedingten Krampfkoliken, sie trocknet Pferde nach der Arbeit und sie lockert die Muskulatur gesunder Pferde. Ein Vieleskönner also.

Kann man weder den Stallbetreiber, noch die Mitreiter zur Anschaffung überreden, bietet sich vielleicht ein Eigenbau an. Wir benutzen für fünf Freizeitpferde in privater Offenstallhaltung einen solchen Eigenbau. Er besteht aus sechs Rotlichtlampen, die durch ein Gerüst miteinander verbunden sind. Dieses ganze Gerüst können wir mit einem Flaschenzug unter die Stalldecke hochziehen. Es benötigt keinen eigenen Platz und stört nicht. Im Sommer staubt es ein. Bei Bedarf wird es bis etwa achtzig Zentimeter über der Rückenhöhe des zu bestrahlenden Pferdes herabgelassen und an einer Steckdose angeschlossen (benötigt allerdings viel Strom). Wir haben den netten Schlosser, der uns das mal gebaut hat, schon häufig sehr gelobt.

Richtige Besonnungsanlagen bieten mehr Komfort und genügen vor allem den Sicherheitsbestimmungen - Eigenbauten eignen sich nur für kleine private Pferdehaltungen. Ab etwa zwanzig Reitern kann sich eine professionelle Anlage schon lohnen.

Zur Anwendung von Wärme gehört auch das Auftragen durchblutungsfördernder Salben und Einreibungen, wie sie bei den Medikamenten besprochen werden. Hier kann eine Kombination schädlich werden! Viele Einreibungen verursachen zusammen mit Rotlichtbestrahlungen Hautreizungen. Alle Anwendungen von Wärme erfordern das anschließende zugfreie und eventuell zugedeckte langsame Abkühlen. Die beste Rotlichtbestrahlung verkehrt sich in einen schädlichen Ein-

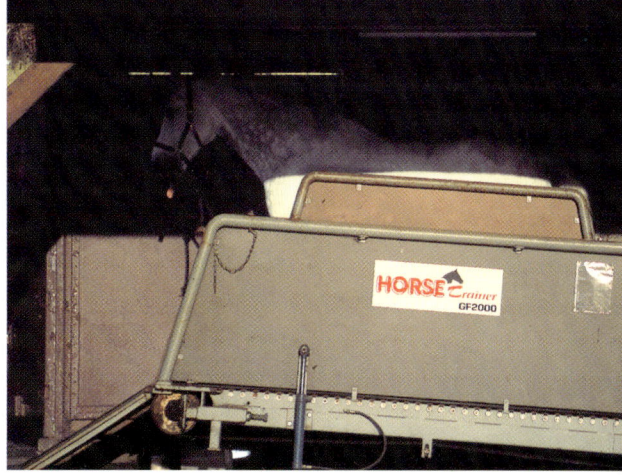

Das Training bergauf auf dem Laufband ist für die Rückenmuskulatur sehr wirkungsvoll.

Schön ist auch das gemeinsame Schwimmen mit dem Pferd, wenn man die Möglichkeit dazu hat.

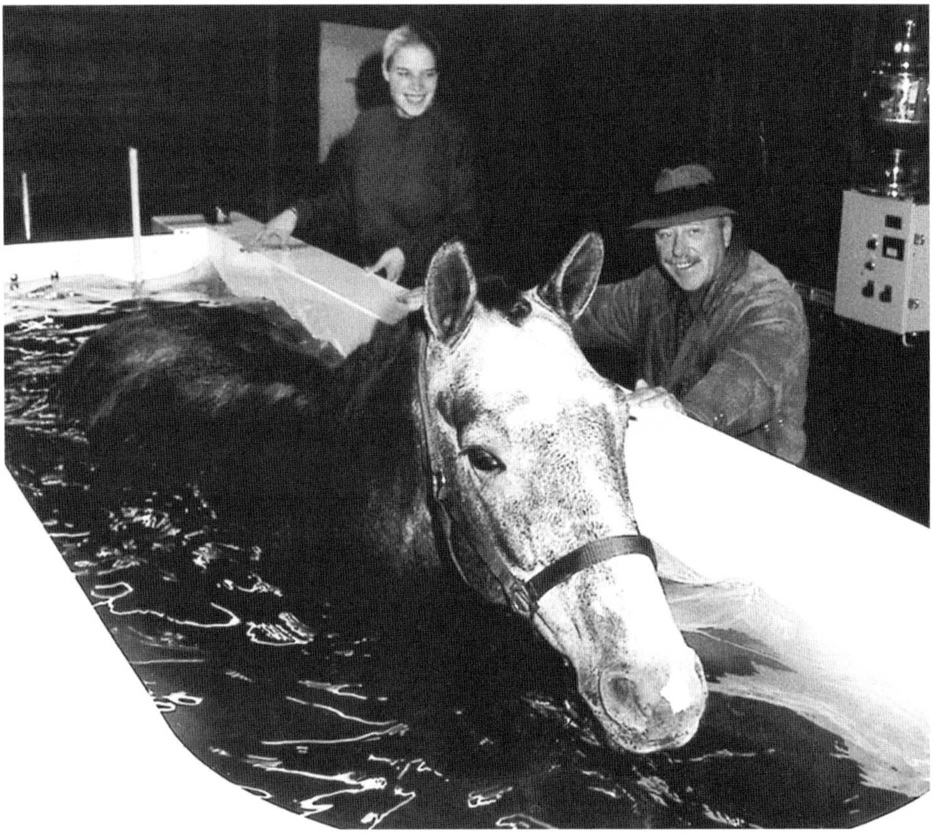

Bewegung im Aquatrainer ist Training und in der Erholungsphase sehr wohltuend.

fluß, wenn das warme, entspannte Pferd anschließend im Regen auf dem zugigen Hof steht.

Faradismus ist die entspannende und durchblutungsfördernde Anwendung von Wechselstrom. Einzeln oder in Kombination mit anderen Methoden wird diese Behandlungsmethode vor allem im englischspachigen Raum angewandt.

Massagen verschiedener Arten können zur Entspannung der Muskulatur beitragen. Massagen regen den Stoffwechsel in dem massierten Gebiet an. Die direkten Folgen dieser Anregung sind vermehrte Duchblutung und verbesserter Abtransport von Schlackenstoffen. Massieren können wir mit bloßen trockenen Händen oder unter Zuhilfenahme von verschiedenen Ölen, Essenzen und Einreibungen. Einreibungen, die die Haut reizen, verwenden wir mit Handschuhen, unsere Haut ist vermutlich gereizt genug. Kampfersalbe einzumassieren ist damit schon eine Kombination aus wohltuender Massage und durchblutungsförderndem Medikament. Wenn Ihnen leicht die Finger schmerzen, benutzen Sie die bloßen Hände nur zum Ertasten von Verspannungen und nehmen dann zum Massieren einen Striegel, einen Lappen oder Stroh. Lassen Sie sich von Ihrem Tierarzt, einem Heilpraktiker oder einem Reitlehrer zeigen, was und wo Sie massieren können. Viele Verfahren haben ihre Berechtigung. Der Touch nach Linda Tellington Jones ist sehr hilfreich und leicht erlernbar. Die Druckpunktmassage nach Olsen kann auch jeder selber probieren. Dazu ist eine Art Klopfmassage mit Gummihämmern ziemlich verbreitet. Natürlich kann man sein Pferd auch professionell massieren lassen, aber das kostet erstens viel Geld, zweitens ist es schwierig jemanden zu finden, der das gut kann und macht, und drittens dient es nur der eigenen Bequemlichkeit. Selbermachen ist mit nahezu identischem Erfolg möglich, wenn man es einmal gezeigt bekommen hat. Darüber hinaus hat dieses Selbermachen den Vorteil, daß man die Verspannungen seines Pferdes tatsächlich „erfassen" kann, und das Verständnis füreinander wächst. Der Vertrauenszuwachs zwischen Ihnen und Ihrem Pferd wird so groß sein, daß Sie einen sekundären Effekt für Motivation und Spaß an der gemeinsamen Arbeit erfahren werden. Nur anfassen müssen Sie es selbst.

Gymnastik kann nach Anleitung ebenfalls selber durchgeführt werden. Vermutlich finden Sie auch niemanden, der es für Sie macht, dafür ist es hier bei uns einfach noch nicht üblich genug. Einige Beschreibungen finden Sie wieder bei Linda Tellington Jones. Einfache Übungen für Gymnastik am stehenden Pferd zum Lesen und Nachmachen gibt es gleich hier. Mit Patienten, die Frakturen haben, soll natürlich bitte nicht geturnt werden. Alle Übungen sollen wiederholt und ohne Kraftaufwand erfolgen, Sie sollen Ihr Pferd gymnastizieren, nicht ihm die Beine ausreißen. Stellen Sie sich vor Ihr Pferd und ziehen Sie beide Vorderbeine nach vorne (nacheinander, nicht gleichzeitig). Gehen Sie neben die Schulter und drehen den Kopf Ihres Pferdes so, daß sich der Hals um Sie herum biegt. Genauso auf der anderen Seite. Ziehen Sie die Vorderbeine nach hinten (einzeln!). Fassen Sie den Schweif mit beiden Händen an der Schweifrübe und bewegen Sie ihn zu beiden Seiten und nach oben. Ziehen Sie die Hinterbeine nach hinten heraus. Fassen Sie mit drei Fingern und leichtem Druck in der Mitte unter den Bauch und heben die Rückenlinie Ihres Pferdes. In wenigen Minuten und mit wenigen Handgriffen haben Sie Ihr Pferd gedehnt und gelockert! Bleiben Sie bei allen Übungen vorsichtig, auch Ihr Pferd könnte erschrecken und für entscheidende Sekunden vergessen, wer hinter ihm steht.

Gymnastik in der Bewegung, wie Arbeit an der Hand, Übertreten, Longenarbeit, Stangentreten und Cavalettiarbeit, werden im letzten Kapitel besprochen.

Laufbandtraining ist möglich, wo immer entsprechende Anlagen erreichbar sind. Achten Sie darauf, wie stark die Erschütterung beim Auftreten ist. Laufbänder laufen häufig auf Rollen und mit deren Größe und Abstand verändert sich die Erschütterung deutlich. Werfen Sie auch einen Blick auf die Sicherheitsvorkehrungen: was passiert, wenn Ihr Pferd stolpert und hinfällt? Viele Laufbänder lassen das Einstellen des Tempos und einer Steigung zu. Lassen Sie Ihr Pferd im Schritt zuerst eben und dann bergauf arbeiten. Sie können sehen, wie die Muskulatur des Rückens arbeitet. Einige Pferde fangen an, in dieser Arbeit abzukauen, auch wenn sie nur ein Halfter tragen. Besitzt das Laufband keine einstellbare Steigung, können Sie besser in der gleichen Zeit mit Ihrem Pferd spazieren gehen, die Erschütterung durch die Rollen und die fünf Mark für den Münzautomaten haben Sie dann gespart.

Auch neben „sicheren" Laufbändern sollten Sie stehenbleiben, solange Ihr Pferd darauf arbeitet (soviel Zeit muß sein).

Wassertreten erfordert den knietiefen, am besten fließenden Bach mit festem Flußbett oder einen Aquatrainer. Der geeignete Bach ist besser, aber leider selten. Aquatrainer unterschiedlicher Bauart gibt es inzwischen in mehreren Anlagen in Deutschland. Die Geräte unterscheiden sich erheblich, das Prinzip ist aber dasselbe: Die Pferde gehen in eine Art Box, deren Boden ein Laufband ist. Diese Box wird geflutet und das Laufband in Bewegung gesetzt, so daß die Pferde im Wasser gehen müssen. Wie beim Laufband ist die Erschütterung unterschiedlich. Es wird auch unterschiedlich schnell und unterschiedlich hoch geflutet. Erkundigen Sie sich nach der Wassertemperatur und der Reinigung des Wassers. Sie können entweder mit dem Pferd hinfahren, es arbeiten lassen und wieder mitnehmen oder für bestimmte Zeit zum Arbeiten dort lassen. Mir persönlich ist kein Pferd bekannt, das nicht nach mehr oder weniger langer gewaltloser Überredung hineingegangen wäre. Gut bekommen tut es auch allen. Der einzige Nachteil ist wieder ein anderer: Es ist aufwendig und teuer. Erkundigen Sie sich nach den Möglichkeiten in Ihrer Nähe, das ist umsonst, strengt nur an.

Schwimmen ist beinahe noch idealer zur Erholung bei Rückenkrankheiten. Im Sommer und am für Pferde erlaubten Baggersee für gute Schwimmer mit Tagesfreizeit stellt diese Therapie kein Problem dar. Für alle anderen ist sie nahezu nicht durchführbar. Wenige Anlagen bieten Schwimmen für Pferde an. Man muß aber sein Pferd und ein kleines Vermögen dort lassen.

MANIPULATION

Dieser Begriff erfaßt Osteopathie und Chiropraktik. Die Osteopathie ist beschrieben als Verfahren zur Wiederherstellung der Biomechanik der einzelnen Elemente. Sehr wenige Menschen beherrschen diese Verfahren tatsächlich. Die Gefahr, an jemanden zu geraten, der für wenig Leistung viel Geld verlangt, ist erheblich. Der Trend zur Osteopathie nimmt allerdings zu, und es gibt inzwischen auch in Europa mehrere Schulungsorte für angehende Osteopathen. Bitte erkundigen Sie sich dort.

Die Chiropraktik ist ein Verfahren, mit dem erfahrene Behandler Blockaden im Pferd allein mit den Händen lösen können. Geschichten von herausgesprungenen Wirbeln, die der Chiropraktiker eben mit lautem Knacken wieder einrenkt, sind eher der Märchenwelt zugehörig. Sie sind ja jetzt anatomisch geschult und können das nachvollziehen und fundiert nachfragen, was genau Ihnen an Leistungen angeboten wird. Tatsächlich will die Chiropraxis Hals und Rückenpartie durch Manipulation wieder voll funktionstüchtig machen. Der Ansatz ist bei sogenannten Subluxationen, Stadien vor der Verrenkung, die Schmerzen, Steifheiten und Leistungsrückgang verursachen sollen. Schulmedizinisch betrachtet gibt es keinen wissenschaftlichen Beweis, daß Subluxationen derartige Auswirkungen haben. Dennoch ist die Chiropraktik ein Verfahren, das bereits vielen Pferden geholfen hat und in der Menschenmedizin seit mehr als 100 Jahren Anwendung findet. Etwas muß also dran sein, möglicherweise liegt hier wie so oft die Differenz zwischen Schul- und Alternativmedizin am Aneinandervorbeireden. Der Chiropraktiker versteht unter Subluxation einen anomalen Zustand der Wirbelsäule, in dem ein Wirbel sich nicht normal bewegen kann und so zu Funktionsmängeln der Wirbelsäule und zur Beeinträchtigung von Nerven führt. In einer ausführlichen Untersuchung müssen zuerst der oder die „eingeklemmten" Wirbel gefunden werden. Die Behandlung besteht in einer Ruckbewegung direkt an dem betroffenen Wirbel. Als Hebel kann dabei der Dornfortsatz verwendet werden. Ein richtiger chiropraktischer Eingriff befreit den Wirbel ohne sonderlichen Kraftaufwand. Anschließend soll der Pferdekörper selber die Funktion wieder herstellen. Chiropraktik setzt so wie die gesammelten Verfahren der Physiotherapie und der Naturheilkunde auf die Selbstheilungskräfte, die jedem Körper innewohnen (und hoffentlich noch nicht erschöpft sind). Falsches Rucken oder der Einsatz eines Holzhammers können ebenso wie ruckartiges Ziehen an den Beinen mehr zerstören als nutzen. Auch so was wird aber als Chiropraktik angeboten und verkauft. Hüten Sie Pferd und Portemonnaie vor Scharlatanerie.

Der gute Chiropraktiker hat umfangreiche Kenntnisse in der Anatomie der Pferde und ist in der Lage, durch kurze Bewegungen blockierte Bereiche wieder zu aktivieren. Es gibt leider keinen qualitätsgarantierenden Dachverband. Fragen Sie herum und verlassen Sie sich auf Ihr Gefühl, Ihre Beobachtungsgabe und Ihren Verstand, wenn Sie sich auf die Suche nach einem guten Chiropraktiker begeben.

AKUPUNKTUR

Da die chinesische Philosophie von der westlichen Denkweise sehr weit entfernt ist, fällt es vielen immer noch schwer, Skepsis gegenüber diesem Verfahren abzubauen. In China wird die Akupunktur als Teil der traditionellen chinesischen Medizin seit mehr als dreitausend Jahren mit Erfolg angewandt. Die Akupressur, eine Stimulation der gleichen Punkte durch einfaches Drücken mit den Fingern, ist bereits seit mehr als fünftausend Jahren in verschiedenen alten Kulturen bekannt. Ägypter und Inkas haben solche Heilmethoden ebenso eingesetzt, wie Menschen in Indien, Tibet und China. Akupunktur ist strenggenommen nur die Methode mit den Nadeln (siehe unten). In den gleichen Bereich gehören aber auch die Laserakupunktur, die dieselben Punkte mittels Softlaser stimuliert; die Aquaakupunktur, bei der Kochsalzlösung, Vitamin B12 oder ein homöopathisches Mittel an den Akupunkturpunkten unter die Haut gespritzt wird; Pneumoakupunktur, bei der Luft gespritzt wird, und die Moxibustion, bei der Brennkegel (Moxa) auf oder über der Haut abgebrannt den Akupunkturpunkt erwärmen. In der Akupressur werden die Punkte lediglich gedrückt. Alle diese Punktstimulationen sollen auf die Kanäle des Energieflusses (Meridiane) wirken und Blockaden lösen. Dahinter steht die Auffassung, daß jeder Organismus, wenn er im Gleichgewicht steht und die Energie auf den Meridianen ungehindert fließen kann, in der Lage ist, sich selber zu heilen. Krankheit entsteht, wenn das Gleichgewicht gestört ist oder Blockaden im Energiefluß entstanden sind. Das Aufheben solcher Blockaden ist damit Hilfe zur Selbsthilfe. Die Akupunktur ist mit allen anderen Heilverfahren kombinierbar und soll möglichst zeitig begonnen werden. Je länger ein Krankheitszustand besteht, um so länger dauert die Selbstheilung. Akupunktur erst zu versuchen, wenn nichts anderes mehr geht, ist genau verkehrt.

Akupunkturpunkte zeichnen sich durch eine größere Dichte von Neurorezeptoren aus. Der Hautwiderstand dieser Punkte ist geringer als der Hautwiderstand in der Umgebung. Das ist auch ganz ohne chinesische Philosophie meßbar. Der Akupunkteur und der Schulmediziner stehen vor demselben Problem, wenn sie Verspannungen des Rückens bei einem Pferd behandeln, ohne der Ursache auf den Grund zu gehen und diese abzustellen. Beide Verfahren haben nebeneinander Berechtigung und benötigen Fachleute, die vor der Behandlung die eigenen Diagnosen stellen. Das Erstellen einer für die Akupunktur nötigen Diagnose erfordert Zeit und Können. Wenn Sie dem Akupunkteur Ihr Pferd und das Problem genau beschreiben, können Sie dabei helfen. Steht die Diagnose, werden bei der normalen Akupunktur sterile Nadeln in die ermittelten Punkte eingestochen und dort eine Weile belassen. In aller Regel kann man bereits nach der ersten Behandlung einen Erfolg sehen. Zur Beurteilung des Erfolges sollten Sie Ihrem Pferd (es wird eine Selbstheilung gefördert) und dem Akupunkteur drei bis vier Behandlungen zugestehen. Wie viele Behandlungen insgesamt nötig sind, darüber werden Sie sich im Einzelfall beraten müssen. Gewöhnlich sind es weniger als zehn Behandlungen. Die allermeisten Pferde sprechen gut auf Akupunktur an und Rückenprobleme sind eine der Hauptindikationen für Akupunktur beim Pferd. Sie haben also sehr gute Chancen, hiermit wirklich Gutes zu tun. Hier werden keine einzelnen Punkte genannt und keine spezifischen Anleitungen gegeben. Auch der mir sonst so liebe Aufruf zum Selbermachen entfällt bewußt, es ist einfach zu gefährlich.

Akupressur kann man eventuell nach Diagnosestellung durch einen Akupunkteur und dessen Anleitung selber machen. Alle anderen Verfahren gehören unbedingt in qualifizierte Hände. Falsche Akupunktur kann erhebliche Schäden hervorrufen. Qualifizierte Personen können Ihnen von den tierärztlichen Standesorganisationen genannt werden.

HOMÖOPATHIE

Auch ein Kapitel, das sich zum selber Herumprobieren eher nicht eignet. Nach dem Begründer dieser Methode, Herrn Samuel Hahnemann, wird seit über zweihundert Jahren Gleiches mit Gleichem behandelt. Dieser komische Satz bedeutet, daß Substanzen, die im gesunden Organismus in der Lage wären, ein Krankheitsbild auszulösen, umgekehrt bei Krankheit in Verdünnungen in der Lage sind, Heilung herbeizuführen. Homöopathika haben den für uns entscheidenden Vorteil, daß sie aufgrund von Symptomen ausgewählt werden. Rückenschmerzen als eigenständiges Symptom sprechen fast immer auf Arnica, Rhus toxikodendron und Ruta an. Dennoch ist es nicht ganz so einfach wie es klingt. Die Konstitution, der Charakter und das Umfeld des Pferdes und die genauere Symptomatik fließen in die Auswahl des Medikamentes und seiner Potenz ein. Wichtig ist zum Beispiel, ob die Beschwerden bei Kälte oder Nässe schlimmer werden, morgens oder abends deutlicher sind und so fort. Gute Kenntnis der einzelnen Arzneimittelbilder (es gibt über zweitausend homöopathische Arzneien), ein gutes Repetitorium und eine gehörige Portion Instinkt gehören dazu, das genau richtige Mittel zu finden. Gute Homöopathen kombinieren selten mehr als drei Mittel. Die Potenz ist die Angabe des Verdünnungsgrades, hohe Zahlen sind stärkere Verdünnungen. Die Buchstaben C oder D geben dazu an, ob es sich um 1:99 (C) oder 1:9 (D) Verdünnungen handelt. Potenz D 3 bedeutet: man nimmt von einer Substanz einen Teil zu neun Teilen Wasser und schüttelt, von dem Gemisch einen Teil zu neun Teilen Wasser und schüttelt, dieses zweite Gemisch wird noch mal 1:9 mit Wasser verschüttelt (D für 1:9 und 3 für dreimal wiederholen). Stellt man sich das vor, könnte man meinen, in dem Medikament wäre keine Substanz außer Wasser. Für Naturwissenschaftler eher unbegreiflich, ist aber die Information der Substanz noch da.

Homöopathische Mittel gibt es als Tropfen, Kügelchen (Globuli) oder Tabletten. Sie wirken ideal, wenn das Pferd sie unter der Zunge zergehen läßt. Auch Ihre Kommunikation mit dem Pferd wird kaum so gut sein, daß Sie das begreiflich machen können. Verabreichungen werden auf trockenem Brot oder mit Zuckerstückchen vorgenommen. Ins Futter mischen ist noch weniger ideal.

Einige Mittel sollen stündlich, andere nur einmal pro Woche oder sogar nur einmalig gegeben werden. Das hängt auch von der Potenz ab. Die Einzeldosis liegt in der Regel bei fünfzehn Globuli, fünfzehn Tropfen oder drei Tabletten.

Für Leute, die ohne homöopathische Ausbildung gerne Teile dieser Behandlungsmethode nutzen wollen, gibt es Komplexmittel. Sie sind erstaunlich wirkungsvoll und bestehen aus diversen Einzelsubstanzen in den entsprechenden Verdünnungen. Zur Behandlung der Rückenprobleme eignen sich hier vor allem die Präparate Traumeel und Zeel. Beide bekommt man für die Anwendung am Pferd als Injektionslösung oder als Tabletten (die Tropfen sind weniger geeignet). Traumeel als Injektionslösung gibt es aus politischen Gründen in zwei Ausführungen. Das eine ist speziell für lebensmittelliefernde Tiere zugelassen und um den Bestandteil Aristolochia ärmer. In den Tabletten ist ohnehin Aristolochia nicht enthalten. Die Dosierung beträgt für Traumeel und Zeel 10-15 Tabletten täglich, oder alle zwei Tage den Inhalt von zwei Injektionsampullen unter die Haut oder in die Muskulatur gespritzt. Traumeel wird auch für die Aquaakupunktur benutzt.

Wenn Sie Tabletten geben, verteilen Sie Sie bitte über den Tag. Es wird ja nicht in dem Sinne Wirkstoff, sondern Information an den Organismus gegeben. Stellen Sie sich vor, Sie sollen ein Gedicht behalten. Es nützt Ihnen sicher mehr, wenn Sie es zehnmal am Tag lesen, als wenn Sie es einmal in zehnfacher Ausführung bekommen.

MEDIKAMENTE

Sehr unterschiedliche Wirkstoffe werden in der Behandlung von Rückenproblemen eingesetzt: Schmerzmittel, muskelentspannende Medikamente, Kortikoide, örtliche Betäubungsmittel und stoffwechselaktive Arzneien, daneben Stoffe mit antioxidativer Wirkung, Hyaluronat und örtliche Einreibungen. Grundsätzlich sollten Sie nicht selber herumdoktern und eigene Medikamente dem Pferd eingeben. Pferde haben es nicht verdient, aus Unkenntnis mit Dingen behandelt zu werden, die sie nicht vertragen. Einige Wirkstoffe, die an Pferden auf ihre Wirksamkeit und Nebenwirkungen untersucht sind, kann man nicht für Pferde bekommen. Das ist ärgerlich, aber nicht zu ändern. Eine mögliche tödliche Kolik, weil jemand ohne Absprache mit Tierarzt und Apotheker menschliche Rheumamittel mal ausprobiert, ist entschieden schlimmer.

Im folgenden werden auch Medikamente genannt, die nicht zugelassen sind. Erfahrungen mit diesen Medikamenten kommen aus den Vereinigten Staaten, Großbritannien und den Zeiten, als sie hier zugelassen waren. Im einzelnen:

Schmerzmittel

Schmerzmittel ist der bei Reitern und Trainern verwendete Begriff. Tatsächlich handelt es sich um nicht steroidale Antiphlogistika. Nicht steroidal bedeutet, diese Arzneien sind nicht in Steroidform wie einige Hormone und die Kortikoide gebaut und unterscheiden sich so von diesen. Der Begriff beschreibt nur die chemische Strukturformel. Antiphlogistisch bedeutet entzündungshemmend. Hier wird weiter das gebräuchliche Wort Schmerzmittel (bewußt unkorrekt) verwendet. Die Palette, die unter dieser Überschrift zur Verfügung steht, ist nur im Prinzip groß. Tatsächlich sind innnerhalb Europas die allermeisten wirksamen Schmerzmittel für die Anwendung am Pferd nicht zugelassen. Alle Pferde gelten hier und heute als lebensmittelliefernde Tiere und können so strenggenommen nicht wirkungsvoll behandelt werden. Es sind reichlich Bestrebungen im Gange, Abhilfe zu schaffen. Sie müssen das wissen, denn wenn Sie Ihr Pferd mit nicht für Pferde zugelassenen Substanzen behandeln lassen, machen Sie sich strafbar (gemeinsam mit Ihrem Tierarzt oder Apotheker).

Schmerzmittel sind keine nur den Schmerz unterdrückenden Substanzen, sondern haben in der Regel ein sehr viel breiteres Wirkungsspektrum. Sie sind schmerzstillend, entzündungshemmend und fiebersenkend. Diese einzelnen Aspekte sind je nach Medikament unterschiedlich stark ausgeprägt. So kann dieselbe Medizin in sehr niedriger Dosis entzündungshemmend und kaum schmerzstillend sein, in höheren Dosierungen aber überwiegend als Schmerzmittel fungieren. Beim Menschen ist das gut untersuchte und nur aus einem Wirkstoff bestehende Aspirin niedrig dosiert blutgerinnungshemmend, höher dosiert entzündungshemmend und nach Packungsbeilage dosiert schmerzstillend. Überdosiert kann dieser Effekt nicht verstärkt werden. Alle Tiermedikamente sind komplizierter aufgebaut als dieses Aspirin.

Wichtig ist, daß man nicht nur die Wirkung betrachtet, sondern auch Nebenwirkungen und Ausscheidungsrhythmus der verwendeten Medikamente. Bei Schmerzmitteln sehen wir die Wirkung selber relativ schnell und deutlich. Nebenwirkungen treffen hauptsächlich den Magen und den Darmtrakt. Von Magengeschwüren und Blutungen bis zur Kolik sind verschiedene unerwünschte Nebenwirkungen beobachtbar.

Die Sache mit der Ausscheidung ist aus zwei Aspekten wichtig: Zum einen soll man den nierenkranken oder alten Organismus nicht mit harnpflichtigen, also über die Niere auszuscheidenden Substanzen überlasten, zum anderen darf man mit Pferden, in denen auch nur noch ein Rest Schmerzmittel vorhanden ist, nicht an Wettbewerben teilnehmen. Jeder Verband hat seine eigenen Dopingbestimmungen und jedes Medikament sogenannte Eliminationszeiten. Einige Zeit nach der Verabreichung ist die

Substanz im Blut oder im Harn noch nachweisbar. Pferde, die nicht gesund genug sind, ohne Medikamente teilzunehmen, gehören aber ohnehin auf keine Art Wettbewerb, sondern nach Hause, um sich zu erholen. Was mit den Pferden geschehen sollte, die sich nicht erholen und nur noch unter Schmerzmitteln mit einer Restlebensfreude existieren können, ist dann eine andere Diskussion.

Schmerzmittel werden den rückenkranken Pferden in aller Regel die ersten Tage gespritzt. Später können sie dann auch gefüttert werden. Man kann versuchen, in der Erholungsphase ohne Medikamente auszukommen und dann wenn erforderlich beim Antrainieren erneut Schmerzmittel einzusetzen. Länger als acht Tage in Folge sollen Schmerzmittel, um Nebenwirkungen zu vermeiden, nicht oder zumindest nicht in Höchstdosis eingesetzt werden. Geringere Dosierungen während des Antrainierens über drei bis vier Wochen sind üblich.

Schmerzmittel werden wie örtliche Betäubungsmittel auch zur sogenannten diagnostischen Therapie verwendet. Kann man Bewegungsstörungen und Steifheit durch Anwendung von Schmerzmitteln verbessern, war Schmerz ursächlich an der Entstehung des Problems beteiligt. Chronisch veränderte steife Rücken, die unter Schmerzmitteln nicht besser werden, sind mechanisch behindert. Das bedeutet zum einen, daß die Steifheit bleibt (für uns sehr unerfreulich), zum anderen, daß es nicht weh tut (fürs Pferd sehr erfreulich). Ein Beispiel dafür ist die abgebildete Schimmelstute La Belle.

Sie wissen immer noch nicht, um welche Wirkstoffe es sich handelt: Zu diesen Schmerzmitteln gehören das Phenylbutazon, Flunixin-Megluminsalze, Naproxen, Meclofenamid und Orgotein. Wie erwähnt, sind einige davon nicht (mehr) zugelassen. Dosierungen und Applikationsarten kennt Ihr Tierarzt.

Muskelrelaxantien

Auch diese sind zur Anwendung beim Pferd nicht zugelassen. Am Beginn der Behandlung eines Rückenproblemes können über drei bis vier Tage eingesetzt (nicht länger!), muskelentspannende Medikamente erhebliche Erleichterung und schnellere Besserung bewirken. Im akuten Fall werden Dantrolene und Methocarbamol eingesetzt. In der Behandlung von Erkrankungen des Kreuzdarmbeingelenkes findet Methocarbamol ebenfalls Anwendung.

Kortikosteroide

Der Naturfreund und Alternativheiler hat bereits abwehrend die Hände gehoben. Falsch. Die grundsätzliche Ablehnung dieser hochwirksamen Präparate entbehrt jeder Grundlage. Es gibt erhebliche Nebenwirkungen vor allem bei langfristiger oder hochdosierter Verabreichung; werden sie geschickt eingesetzt, können aber auch „Wunder" vollbracht werden. Kortikoide heißen so, weil sie dem körpereigenen Steroidhormon Kortison ähnlich sind.

Kortikoide sind sehr stark entzündungshemmend, nehmen Schmerzen und sind wirkungsvoll in der Lage, den Teufelskreis aus Muskelentzündung, Schmerz, Verkrampfung, stärkerer Entzündung, heftigerem Schmerz zu unterbrechen. Langzeitkortikoide können auch direkt in die verengten Zwischenräume zwischen die Dornfortsätze gespritzt werden. Hierdurch werden auch langfristige Erfolge erzielt. Kortikoide können ausschließlich durch Ihren Tierarzt und

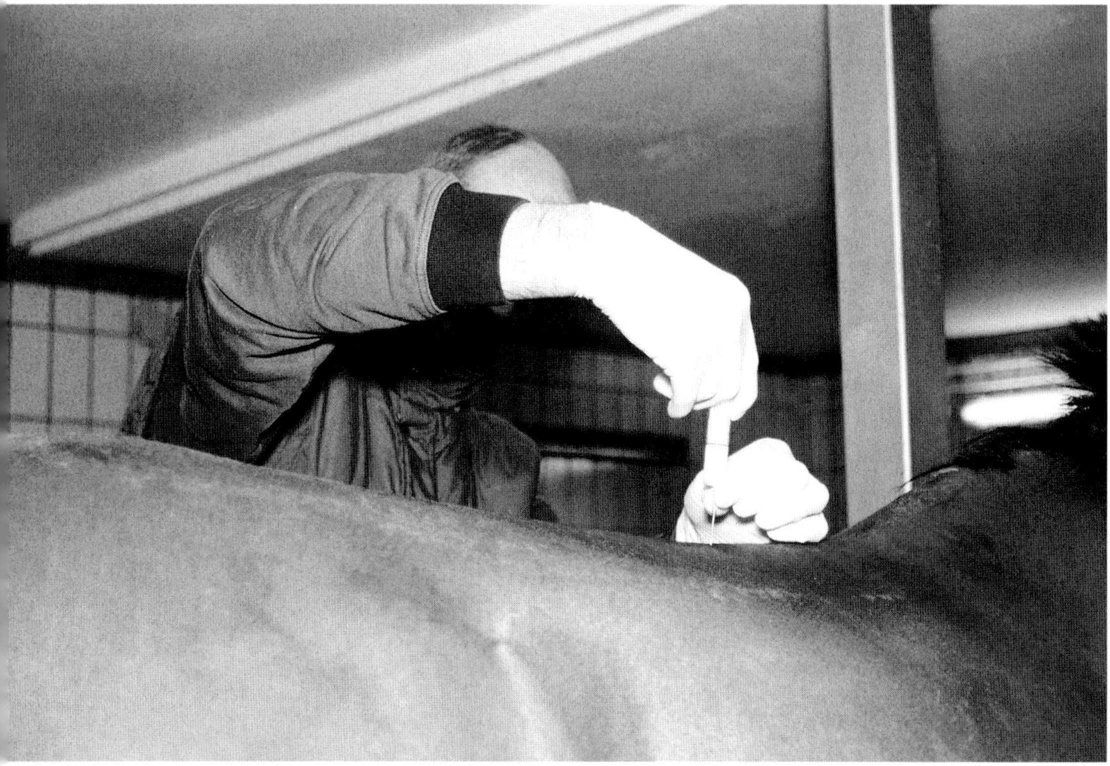

Injektion zwischen den Dornfortsätzen. Foto: Prohn

gespritzt angewandt werden. Die schlimmste spontane Nebenwirkung beim Pferd ist das Auslösen einer Hufrehe. Rehepferde, Pferde mit bestehenden Stoffwechselproblemen und kleine dicke Ponys werden so der Vorsicht wegen nicht mit Kortikoiden behandelt.

Örtliche Betäubungsmittel

Örtliche Betäubungsmittel werden in der Erkennung und in der Behandlung von Rückenproblemen eingesetzt. Hat man den Ort, an dem der Ursprung des Schmerzes liegt, gefunden, kann man die Schmerzweiterleitung direkt unterbrechen. Das Pferd fühlt sich wohler, bewegt sich besser und entspannt sich. Diese Entspannung ist bereits für sich alleine heilungsfördernd.

Dazu kann jetzt ohne Schmerzen mit Aufbautraining oder physiotherapeutischen Maßnahmen begonnen werden.

Stoffwechselaktive Arzneien

Hierunter fällt vor allem das ATP. ATP ist die leicht verwendbare Abkürzung für das unaussprechliche Adenosintriphosphat. Es ist Energieträger in jeder einzelnen Zelle und kann in verschiedene Injektionslösungen gespritzt werden. Der Einsatz ist vor allem während des Aufbautrainings sehr sinnvoll. Für den Gelenkstoffwechsel wichtig sind Glukosaminoglykane. Man kann diese Stoffe in diversen Kombinationspräparaten für die Zufütterung des Pferdes erwerben. Viele dieser Kombinationen enthalten dazu aufbereitete Gelatine (natürliche würde im Pferdemagen zerstört werden) und Mineralstoffe in verschiedenen Konzentrationen. Zu diesen Präparaten gehören auch die Muschelextrakte. Sie werden von grünlippigen neuseeländischen Muscheln gewonnen und sind entsprechend teuer. Wie gut der Effekt solcher Präparate ist, kann noch nicht bewiesen werden. In der Behandlung von Arthrosen in den Gelenken der Gliedmaßen haben sie aber bereits einen festen Platz. Bei Spondylosen, Arthrosen der kleinen Wirbelgelenke und Erkrankungen des Kreuzdarmbeingelenkes verspricht man sich von ihrem Einsatz Erfolg.

Stoffe mit antioxidativer Wirkung

Eine vollständige Abhandlung des Muskelstoffwechsels und der Membranphysiologie kann in diesem Rahmen nicht erfolgen - wer sich hier auskennt, liest nicht weiter. Ich will versuchen, für den weder chemisch noch medizinisch ausgebildeten Pferdefreund die Eckdaten für den Einsatz von Stoffen mit antioxidativer Wirkung verständlich darzulegen.

Im Gewebe passieren immerzu Oxidations- und Reduktionsvorgänge. Es entstehen freie Radikale, die durch ihre aggressive chemische Reaktionsfähigkeit sehr gewebsschädigend sein können. Während der Muskelarbeit entsteht bei Überforderungen zudem leicht Milchsäure, die schwer abtransportiert werden kann. Um solchen schädigenden Einflüssen entgegenzuwirken, hat der Pferdekörper kleine Funktionseiweiße, sogenannte Enzyme. Sie arbeiten am Abbau derartiger schädlicher Reaktionsprodukte. Eines dieser tüchtigen Enzyme heißt Glutathionperoxidase. Es

benötigt, um arbeiten zu können, die Gesellschaft des Spurenelementes Selen. Selen gilt so als antioxidativ wirkender Stoff und kann dem Pferd gespritzt oder gefüttert werden. Eine Überversorgung mit Selen ist giftig und muß vermieden werden. Achten Sie bei allen Zusätzen, die Sie füttern, auf den Selengehalt.

Ein weiterer wichtiger Stoff, der häufig mit Selen gemeinsam verabreicht wird, ist Vitamin E. Über einen anderen Weg macht es ähnliche Arbeit wie das Selen. Die beiden Stoffe ergänzen sich gut.

Auch Vitamin E kann man überdosieren. Viel hilft viel ist nicht richtig!

Organische Phosphorverbindungen und Aspartate werden auch eingesetzt.

Hyaluronat

Hyaluronat wird in verschiedenen Molekulargewichten als Präparat zum Spritzen für die Pferdemedizin angeboten. Sein ursprünglicher Einsatz war die Orthopädie. Gelenk- und Sehnenentzündungen sprachen und sprechen sehr gut auf die Behandlung mit dieser Substanz an. Unterschiedliche chemische Bauweisen bedingen den unterschiedlich ausgeprägten Erfolg und die erheblichen Preisunterschiede. Hochmolekulare Hyaluronate sind wirksamer und teurer.

Direkt in die Zwischenwirbelgelenke läßt sich nicht spritzen. Dadurch war die Anwendung am Pferderücken nicht möglich. Inzwischen gibt es ein Hyaluronat auf dem Markt (für Pferde zugelassen!), das in die Vene gespritzt werden kann und im Körper an den veränderten Gelenken wirken soll. Es soll direkt entzündungshemmend sein, den Gelenkknorpel schützen und die Neubildung von qualitativ hochwertiger Gelenkschmiere bewirken. Da das

Hier sind in einer Operation einander berührende Dornfortsätze resiziert worden.

an den großen Gelenken der Pferdebeine nachweisbar funktioniert, geht man davon aus, einen stark positiven Effekt auf geschädigte Zwischenwirbelgelenke zu bewirken. Viele Untersuchungen in bezug auf Hyaluronat bei Behandlungen von Rückenproblemen gibt es noch nicht. Einen Versuch ist es wert, nur leider ist diese Therapie teuer.

Einreibungen

Diverse Einreibungen und Linimente für Pferde sind auf dem Markt. Ihre wesentlichen Wirkungen beruhen auf vermehrter Durchblutung und Entspannung der Muskulatur. Viele dieser Einreibungen enthalten Kampfer und Menthol. Sie sind sehr gut geeignet, um einmassiert zu werden. Auch Hausmittel wie Franzbranntwein und Obstessig können gute Dienste leisten. Ein wenig vorsichtig sein muß man, damit man

die Haut nicht zu stark reizt. Vor allem, wenn man Pferde eindeckt oder unters Solarium stellt, kann es zu unangenehmen Reaktionen der Haut kommen.

CHIRURGIE

Beim Kissing spine Syndrom kann chirurgisch vorgegangen werden. Ist im Röntgenbild das Berühren oder Überreiten von Dornfortsätzen darstellbar, die Veränderung szintigraphisch aktiv und der Prozeß offensichtlich schmerzauslösend, kann Operation die Lösung sein. Es ist sehr wichtig, daß man ganz sicher ist, daß des Problemes Ursache tatsächlich an dieser Stelle liegt, bevor man operieren läßt (diagnostische Injektion von örtlichen Betäubungsmitteln zur Abklärung). In der Operation werden der oder die störenden

Dornfortsätze entfernt. Liegen die Rückenschmerzen an einer zusätzlichen Skoliose oder Arthrose der Wirbelgelenke, kann hiermit kein Effekt erzielt werden. Eine Operation nimmt man nur nach sicherer Diagnose und nach dem Versagen konservativer Therapien vor. Nach einer solchen Operation benötigen die Pferde drei bis vier Monate Ruhe. Anschließend vorsichtig antrainiert, finden sie aber durchaus zu ihrer alten Leistung und zum Wohlbefinden zurück.

ADERLASS

Zur Behandlung des Kreuzverschlages ist seit über hundert Jahren der Aderlaß gebräuchlich. Dem Pferd werden mehrere Liter Blut entnommen, um Schadstoffe auszuleiten und die Blutviscosität zu verringern. Bei den meisten anderen Erkrankungen gilt diese Behandlungsmethode als überholt, beim Kreuzverschlag und bei der Hufrehe hat sie aber bis heute durchaus ihre Berechtigung.

BEHANDLUNG SEKUNDÄRER RÜCKENPROBLEME

Das wichtigste ist unter der Besprechung der sekundären Rückenprobleme selbst und unter den Behandlungen der primären Rückenprobleme bereits erwähnt worden. Zu Haltung und Management sind grundsätzlich dieselben Kriterien zu beachten wie bereits vorn besprochen.

BEHANDLUNG VON ZAHNPROBLEMEN

Als erstes benötigen Sie wieder die sichere Diagnose und jemanden, der sich mit der Behandlung von Zahnerkrankungen auskennt. Mit Ausnahme von Pferdehändlersöhnen und einigen Schmieden wird das ein Tierarzt sein. Einige Spezialinstrumente sind zur Zahnbehandlung am Pferd erforderlich. Um überhaupt arbeiten zu können, benötigt man einen Maulkeil oder ein Maulgatter und jemanden Unerschrockenes zum Festhalten. Eine Lampe, um auch die hinteren Backenzähne sehen zu können, ist meistens erforderlich. Dazu Zahnraspeln, häufig verschiedene für Ober- und Unterkiefer. Zahnraspeln gibt es auch elektrisch, sie sehen aus wie Bohrmaschinen und machen ein gewöhnungsbedürftiges Geräusch. Gegen erhebliche Zahnhaken sind sie die beste Waffe. Zudem schonen sie die Kräfte des Tierarztes und verkürzen die Behandlungsdauer für das Pferd. Vorhandene Zahnhaken werden manuell oder eben mit der Maschine abgeschliffen. Ziel sind horizontale Kauflächen ohne Haken und scharfe Kanten.

Zum Entfernen der Milchzahnreste auf den Vorderbackenzähnen benötigt man eine spezielle Kappenzange. Das Abnehmen der Kappen ist dann relativ einfach und verursacht keinen Schmerz.

Die Extraktion störender Wolfszähne kann nur unter Betäubung vorgenommen werden. Die Pferde können aber in aller Regel stehenbleiben. Die Verwendung eines speziellen Wolfszahnbestecks macht diese Arbeit leichter (immer noch mühsam) und besser (die Zahnwurzel kann tiefer und besser erfaßt werden).

Stören die Hengstzähne beim Durchbrechen des Zahnfleisches, kann man sich in Geduld üben und abwarten. Die meisten Menschen werden nach zwei bis drei Tagen ungeduldig und machen einen helfenden Eingriff nötig.

Unter mindestens örtlicher Betäubung wird mittels eines Thermokauters die Schleimhaut über dem durchbrechenden Zahn aufgebrannt. Drei Tage nach diesem Eingriff ist gewöhnlich alles vergessen und das Pferd kann normal gearbeitet werden. Es ist durchaus nicht so brutal, wie es klingt. Manchmal brauchen diese Zähne tatsächlich mehrere Wochen von dem Zeitpunkt, an dem man sie fühlen kann, bis sie durchbrechen, als wenn sie zwei Millimeter unter der Schleimhaut eine Pause im Durchbrechen einlegen würden. Hier Abhilfe zu schaffen dient auch dem Pferd und ist nicht nur aufgrund der menschlichen Ungeduld erforderlich.

BEHANDLUNG VON GLIEDMASSEN-ERKRANKUNGEN

Als Teil eines Kapitels im Rückenproblemebuch kann nur darauf hingewiesen werden, daß Lahmheiten immer vordringlich zu behandeln sind. Kein Rückenproblem kann beim lahmenden Pferd richtig untersucht werden. Zudem ist das Rückenproblem ja oft Folge der Lahmheit und verschwindet mit dieser.

Verzichten Sie in der Diagnose nie auf eine umfassende Untersuchung der Gliedmaßen. Lassen Sie jede Lahmheit oder Taktunreinheit nach spätestens drei Tagen tierärztlich untersuchen. Verschlampte Folgeschäden sind immer teurer und langwieriger.

Bevor Sie erneut an ein Rückenproblem denken, soll die Lahmheit behandelt und auskuriert sein.

Komplizierte Fälle haben Lahmheiten, deren Ursache nicht in dem lahmen Bein liegt. Veränderungen einer Hintergliedmaße können zu Entlastungshaltungen führen, so daß schließlich die diagonale Vordergliedmaße überlastet ist und sichtbar lahm wird. Gehen Sie jedem Problem auf den Grund und behandeln Sie Lahmheiten immer vorrangig, auch und gerade wenn der Rücken in Mitleidenschaft gezogen worden ist.

Der gleiche Ponywallach wie auf Seite 44. Acht Wochen nach der Behandlung des Zahnproblems

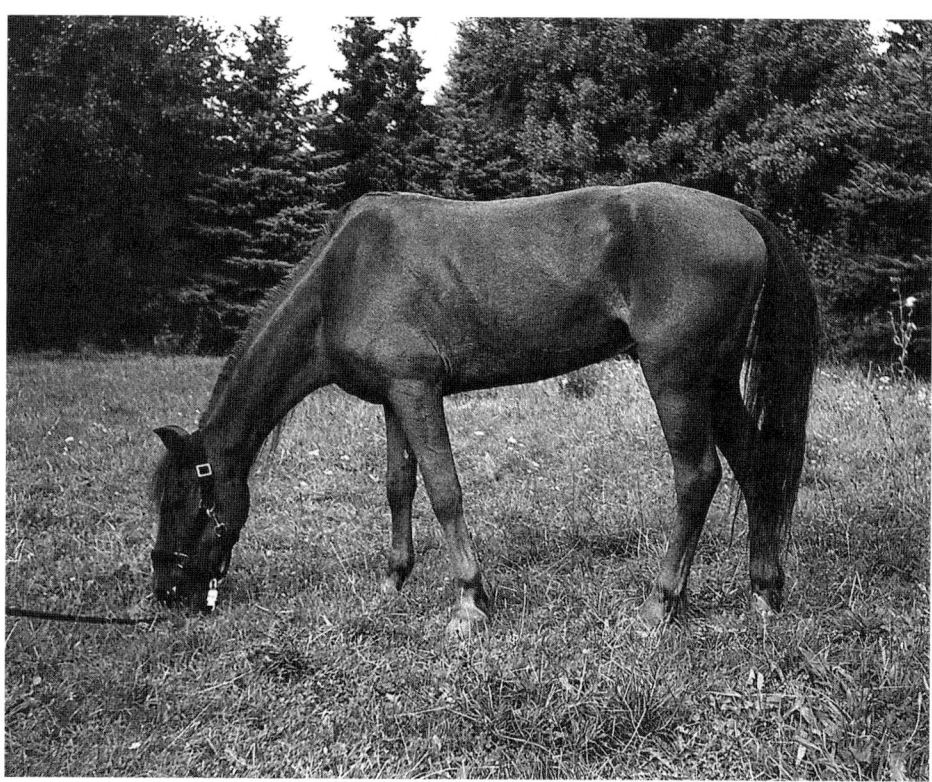

BEHANDLUNG VON INNEREN ERKRANKUNGEN

Da die meisten der zur Rückentherapie empfohlenen Methoden auf die Selbstheilungskräfte des Organismus setzen, ist ein intakter Stoffwechsel unbedingte Voraussetzung. Innere Erkrankungen sollen immer vorrangig therapiert werden.

Bei Stuten, die Zyklusprobleme haben, ist eine Untersuchung von Eierstöcken und Gebärmutter wichtig. Entzündungen der Gebärmutter sind mit örtlich oder systemisch verabreichten Antibiotika behandelbar. Die Kombination mit Homöopathie ist sinnvoll. Eierstockzysten sprechen auf Akupunktur, hormonelle Behandlung und chirurgische Vorgehen an.

Nierenprobleme müssen genau diagnostiziert werden und sind zum Teil schwierig zu behandeln. Harnsteine sprechen häufig nur auf chirurgische Therapie an.

Erst wenn eine gesunde Reaktionslage des Organismus wieder hergestellt ist, kann ein Rückenproblem bekämpft werden. Zum Teil verschwindet es von selbst.

REKONVALESZENZ UND AUFBAUTRAINING

Über die Wirksamkeit der einzelnen Therapieverfahren gibt es nur sehr wenig Aufzeichnungen. Bei einer Untersuchung von Doktor Jeffcott an 190 chronisch rückenkranken Pferden erholten sich 57% vollständig und unabhängig von den eingesetzten Therapieverfahren. Nach Doktor Jeffcott ist die entscheidende Therapie die Ruhe.

Pferde, die noch keine röntgenologisch sichtbaren Veränderungen an den Wirbeln hatten, erholten sich schneller und zu einem größeren Prozentsatz.

Pferde mit Kissing spine Syndrom waren zum großen Teil nach Ruhe und einem Aufbautraining wieder belastbar. Operierte Patienten machen bessere Fortschritte im Heilungsverlauf und können zum Teil auch wieder voll belastet werden. Die Wahrscheinlichkeit, daß die Pferde wieder gesund werden, ist aber nach dem Kissing spine Syndrom bei den Operierten wie den nicht Operierten sehr ähnlich und liegt bei ungefähr 60%. Leider bedeutet das auch, daß sich 40% eben nicht wieder vollständig erholt haben. Die Rückfallquote ist bei den operierten Pferden höher.

Operationen an den Dornfortsätzen führen mit größerer Wahrscheinlichkeit zu guten Ergebnissen, wenn die Veränderungen auf zwei oder drei Dornfortsatzspitzen beschränkt waren.

Pferde, die Probleme aufgrund einer Spondylose hatten, erholen sich sehr schlecht. Nur 9% dieser Patienten konnten überhaupt wieder voll gearbeitet werden.

Viele rückenkranke Pferde erholen sich zwar, können aber an ihre ehemalige Leistung nicht mehr anknüpfen. Versucht man, sie mit den alten Fehlern in den alten Sport zurückzubringen, beginnt das Problem von vorne. Jedesmal geht ein bißchen mehr dauerhaft kaputt und jedesmal dauert die Erholungsphase länger.

Wollen Sie die Ursache nicht abstellen, dann brauchen Sie Ihr Pferd im Prinzip auch gar nicht zu behandeln. Das Problem kommt wieder und verfolgt Sie das Pferdeleben lang (oder eher kurz).

Seien Sie ehrlich zu sich selbst. Ist Ihr Pferd den Aufgaben, die Sie stellen, nicht gewachsen und kann auch mit Training aufgrund anatomischer Mängel, Alter, bereits bestehender Schäden oder absoluter Überforderung diesen Anforderungen nicht genügen, dann kaufen Sie sich ein neues. Sie tun weder sich selbst noch dem Pferd einen Gefallen, wenn Sie Unmögliches auf immer neuen Wegen zu erreichen versuchen.

Natürlich ist es wunderbar, ein Pferd im Rahmen seiner Möglichkeiten so weit wie möglich zu fördern. Träumen wir aber vom erfolgreichen Springen, so sind wir mit einem Pferd, das aus gesundheitlichen Gründen nicht springen darf, schlecht bedient (und das Pferd mit uns auch).

Haben Sie die Ursache des Rückenproblems gefunden und abstellen können, dann lassen Sie sich auf Therapie und Aufbautraining ein.

Lassen Sie sich individuell einen Trainingsplan von Ihrem Tierarzt aufstellen. Sorgen Sie dafür, daß dieser Plan auch überwiegend eingehalten werden kann. Schreiben Sie rechtzeitig feste Termine zur Nachuntersuchung auf, damit der Therapieerfolg kontrolliert werden kann.

Falsches Wiederantrainieren kann jeden Therapieerfolg zunichte machen.

Frakturen erfordern mindestens sechs Wochen stramme Boxenruhe, bevor mit einem Aufbau begonnen werden kann. Die regelmäßige Kontrolle des Heilungsverlaufs und die täglich mehrfache Kontrolle des Pferdes sind notwendig. Es kann auch nach drei Wochen noch zu einer Verschiebung der Fraktur und plötzlicher dramatischer Verschlechterung des Pferdes kommen. Das muß man merken, um es schnell erlösen zu können. Diese Zeit kostet unglaublich Nerven, aber es haben durchaus schon Pferde geschafft. Wenn Sie es nicht aushalten, lassen Sie Ihr Pferd in einer Klinik überwachen. Der Transport dahin ist aber bereits ein Risiko, das man ebenso schlecht aushalten kann.

Pferde nach dem Kreuzverschlag werden nach einer Kontrolle des Blutbildes erst auf tierärztliche Anweisung hin wieder bewegt.

Für alle übrigen Rückenprobleme gilt ein ähnliches Schema, das Sie individuell anpassen müssen. Als erstes stellen Sie die Ursache ab und schaffen Ihrem Pferd einen streßfreien Alltag.

So ein Behandlungs- und Trainingsplan kann zum Beispiel so aussehen (wirklich nur ein Beispiel, besprechen Sie mit Ihrem Tierarzt Ihr individuelles Programm):
• Fünf Tage Boxenruhe und Versorgung mit Schmerzmitteln. Eventuell Einsatz von muskelentspannenden Medikamenten.
• Daran anschließend vierzehn Tage Boxenruhe mit Schrittbewegung an der Hand zweimal täglich für fünfzehn Minuten. Eventuell Weide oder Paddock. Physiotherapeutische Maßnahmen können jetzt begonnen werden. Schwimmen und Wassertreten belastet den Pferdeorganismus weniger als Schritttraining an der Hand. Der Muskelaufbau geht schneller und das Pferd ist eher wieder fit.

Akupunktur und homöopathische Behandlungen sollten auch in dieser Zeit begonnen werden.
• Weitere vierzehn Tage Ruhe mit Weide oder Paddock und die Schrittbewegung an der Hand, auf dem Laufband oder an der Longe auf zweimal täglich dreißig Minuten steigern.
• Beginnen Sie jetzt mit Muskelaufbautraining. Eventuell benötigt Ihr Pferd nochmals Schmerzmittel. Für stoffwechselaktive Substanzen, antioxidativ wirkende Medikamente und glukosaminogykanhaltige Zusatzfutter ist jetzt der richtige Zeitpunkt. Vorher kann man damit auch beginnen, aber solange kein Muskeltraining stattfindet, bringen diese Dinge nicht so viel.

Lassen Sie Ihr Pferd an der Hand übertreten. Es soll unter seinen Schwerpunkt treten und nicht an ihm vorbei, das wäre zuviel des Guten. Sie trainieren so im Schritt die Muskulatur von Rücken und Kruppe. Jeden zweiten Tag nehmen Sie Ihr Pferd an die Longe und lassen es in der halben Stunde, die es sich bewegen soll, ein wenig traben und galoppieren. Ein wenig meint, mit zwei bis drei Runden je Gangart beginnen und auf fünfzehn Minuten steigern. Training der Rückenmuskulatur geschieht vor allem im Galopp. Lassen Sie sich zeigen, wie Sie zum Beispiel mit einem Chambon Ihrem Pferd helfen können, den Rücken richtig zu belasten. Binden Sie den Kopf nicht hinter die Senkrechte.

In der sechsten Woche können Sie beginnen, Stangen oder Cavaletti dazu zu nehmen. Sie können so die Gangkorrektheit und die Schrittlänge des Pferdes beeinflussen.

Sieben Wochen nachdem Sie Ihr Pferd ruhig gestellt haben, sitzen Sie zum erstenmal wieder auf.

Longieren Sie vorher wenigstens zehn Minuten und reiten Sie nicht länger als eine Viertelstunde. Selbstverständlich reiten Sie zunächst nur Schritt. Reiten Sie jeden zweiten Tag. Natürlich passen Sattel und Zaumzeug, und Sie bemühen sich, unverkrampft oben zu sitzen.

In der achten Woche beginnen Sie mit Trab und Galopp unter dem Sattel. Reiten Sie vorwärts abwärts und achten Sie darauf, daß Ihr Pferd den Rücken mitnimmt. Gehen Sie im Trab und Galopp in den leichten Sitz. Lassen Sie in dieser ganzen Zeit Ihr Pferd vorne in Ruhe. Es soll Kopf und Hals möglichst frei bewegen können.

Erst zehn Wochen nach Beginn dieses Plans können Sie wieder täglich reiten. Helfen Sie Ihrem Pferd mit Tagen an der Longe und gestalten Sie die Reitstunden abwechslungsreich.

ARBEIT MIT DEM RÜCKENKRANKEN PFERD

Ausnahmslos jedes Pferd sollte rückenschonend gearbeitet werden. Bei denjenigen Pferden, die bereits ein manifestes Rückenproblem hatten oder schon röntgenologische Veränderungen aufweisen, ist die Vermeidung von Fehlern allerdings noch wichtiger. Dies kann und will keine Reitlehre werden, davon gibt es genug und sehr gute. Hier wird die ungestörte Funktion des Rückens und deren Voraussetzungen dargestellt. Darüber hinaus werden Anregungen gegeben, wie gearbeitet und trainiert werden kann.

Uns muß klar sein, daß sowohl unser Gewicht als auch jede Einwirkung mit der Hand im Prinzip eine Störung für den natürlichen Bewegungsablauf des Pferdes darstellt. Sowohl im Hinblick auf unsere Position auf dem Pferderücken als auch auf die Einwirkung der Hand gibt es optimale Bereiche, in denen der natürliche Bewegungsablauf des Pferdes möglichst wenig gestört wird. Die Eingrenzung der artspezifischen Bewegung des Pferdes muß unbedingt gering gehalten werden.

Wenn sich ein Mensch zum erstenmal auf ein Pferd setzt, passiert in aller Regel folgendes:

Das Pferd stellt sich breitbeinig hin, um die Fläche unter sich zu vergrößern. Es zieht den gesamten Rücken krampfhaft zusammen und wölbt ihn auf. Da das auf Dauer schmerzt, läßt es los und den Rücken durchhängen. Es trägt uns im Prinzip nur mit dem Knochengerüst. Die Spannung, die die Bauchmuskeln dabei aufbringen müssen, kann passiv gesteigert werden, indem das Pferd Vorderbeine und Hinterbeine weiter voneinander entfernt. Dieses Herausstellen der Beine ist Symptom der überforderten Tragkräfte. Fällt ein Dressurpferd nach zwanzig Minuten Arbeit auseinander, haben wir es mit demselben Phänomen zu tun.

Mit diesem durchhängenden Rücken kann das Pferd uns auch tragen, es ist nur in seinem Bewegungsablauf stark behindert, wird leicht überfordert und ist darüber hinaus furchtbar unbequem zu sitzen. Es laufen durchaus viele nicht entsprechend

La Belle pferdegerecht untergebracht. Die Veränderung ihrer Dornfortsätze zeigt die Abbildung auf Seite 37. Sie ist fröhlich und in der Lage, leichte Arbeit zu leisten.

Cavaletti-Arbeit fördert Durchlässigkeit, Konzentration und Vertrauen. Zur Schulung der Rückenmuskulatur ist sie gut geeignet. Foto: Prohn

Der alte Vollblutwallach kompensiert den erworbenen Senkrücken in der versammelten Arbeit. Dies ist dasselbe Pferd wie in der Abbildung auf Seite 30.

geschulte Pferde unter ihrem Reiter so herum. Entwickelt sich Überforderung und Schmerz, so wird der gesamte Rücken kurzfristig stark angespannt. Das Pferd wechselt also permanent zwischen zwei unbequemen Haltungen. Das ist auch für uns sehr unbequem.

Um den belasteten Rücken wieder in eine natürliche Position zu bringen, benötigt das Pferd Nackenmuskeln und Nackenband. Ähnlich wie bei einem Hebel zieht das Gewicht von Hals und Kopf passiv an den Dornfortsätzen des Widerristes. Dieser Zug richtet die Dornfortsätze auf und hebt den Rücken. Alles passiv und ohne spezielle Muskelarbeit. Pferdehals und Pferdekopf wiegen gemeinsam ungefähr ein Drittel soviel wie der gesamte Rumpfbereich. Um zusätzlich zu seinem eigenen

Gewicht auch das unsere tragen zu können, dehnt sich der Hals. Die Entfernung zwischen Hinterhaupt und Widerrist wird größer, der Hebelarm länger und wirkungsvoller. Die betreffenden sich dehnenden Muskeln setzen oben im Hinterhaupt an. Es verlängert sich also die Oberlinie des Halses. Sie wird leicht gebeugt. Das alles geschieht passiv, nur weil wir drauf sitzen, ohne Einwirkung der Hand. Wir können dem Pferd die Aufgabe uns zu tragen vereinfachen, indem wir die Bewegungsfreiheit des Halses erhalten. Ganz von sich aus läßt das Pferd den Hals fallen, um uns sitzen zu lassen.

Ebenso wie das junge Pferd reagiert unser Patient, der nach längerer Pause erst mal auch keine trainierten Muskeln zur Verfügung hat. Dem Pferd kann geholfen

linke und rechte Abb.: Auch ein angeborener "schlechter" Rücken kann durch Arbeit verbessert werden.

werden, indem die Bewegungsfreiheit von Kopf und Hals zunächst möglichst wenig eingeschränkt wird. Rufen wir uns wieder die Hebelwirkung ins Gedächtnis, erklärt sich auch die schonendere Einwirkung im leichten Sitz. Der Widerrist ist ja sozusagen der Ansatz dieses Hebels. Der Weg vom Widerrist zum Hinterhaupt ist der Hebelarm, der Weg vom Widerrist bis zu unserem Schwerpunkt der Kraftarm. Je dichter wir unser Gewicht an den Widerrist bringen können, um so leichter machen wir dem Pferd die Arbeit. Während des gelingenden Muskelaufbaus können wir uns dann tiefer reinsetzen. Das Freilassen des Halses ermöglicht dem Pferd, ihn wie eine Balancierstange einzusetzen, um Bewegung und unser Gewicht auszugleichen. Beobachten Sie einmal Pferde im freien Galopp und Sie werden diese Funktion sehen können.

Erhalten wir dem Pferd diese Möglichkeit, so halten wir den Rückenmuskel von Anspannungen um unser Gewicht auszuhalten frei. Der Rückenmuskel soll schließlich mehr der Fortbewegung dienen als dem Aufbau von Tragkraft. Der Rückenmuskel hebt, wenn er ungehindert arbeiten kann, die Vorhand des Pferdes. Die Rückenmuskeln beider Körperseiten müssen für ihre ungehinderte Aufgabe frei arbeiten können. Wenn sie sich gleichzeitig verspannen, kann der Rücken nicht schwingen. Natürliche Bewegung und bequemer Reitersitz sind dann unmöglich.

Normalerweise soll sich der Rückenmuskel der einen Seite zusammenziehen, wenn die Hintergliedmaße seiner Seite das Pferdegewicht übernimmt. Dadurch entsteht am anderen Ende die Bewegungsfreiheit für die diagonale vorschwingende Vordergliedmaße. Mit dem Abfußen des Hinterbeins entspannt sich der Rückenmuskel. Dieser Wechsel zwischen Kontraktion und Dehnung ist vollkommen im Galopp. Die Muskeln beider Körperseiten arbeiten hier zusammen. Das Pferd löst sich im Galopp am leichtesten und entwickelt im Galopp den stärksten Trainingseffekt für den Rücken. Im Trab müssen dagegen beide Körperhälften genau abwechselnd angespannt werden.

Das Anheben der Vorhand geschieht wechselseitig und nahezu zeitgleich mit dem Abschwingen des jeweils diagonalen Hinterbeines. Das Anheben der Vorhand im Trab ist erst Pferden mit gut trainiertem Rückenmuskel und trainierter Hinterhand möglich. Pferde, die das (noch) nicht können, werfen uns im Trab.

Hauptstörungsquelle für die Arbeit des Rückenmuskels ist der Reiter. Senkrechtes Fallen auf den Muskel führt zu krampfhaften Verspannungen. Ziel muß es sein, nach vorne weich einzusitzen und mitzuschwingen. Das gilt unterschiedslos für alle Reitweisen. Schubkraft und damit Schwung kommt immer aus der Hinterhand. Wird diese von uns in ihrer Bewegung behindert, entsteht ein klammer,

kurzer Bewegungsablauf. Wir müssen uns aber immer bemühen, den natürlichen Bewegungsablauf zu erhalten. Zu starkes Gegenhalten der Hand oder allgemein zu starker Einsatz des Zügels beschränkt die Arbeit der Hinterhand. Hankenbiegung und Aufrichtung entstehen nur durch langandauerndes Muskeltraining. Die Zügelwirkung kann und darf immer nur eine verhaltende Hilfe sein. Ohne daß das Pferd an die Hand herantritt (sich herantreiben läßt), kann Zügeleinwirkung bestenfalls Bremse oder Steuer sein. Erst durch die Anlehnung kann schöne Haltung erreicht werden. Zieht man den Hals zusammen, erreicht man zwar eine schöne Halshaltung, beraubt sich aber der Möglichkeiten, daß das ganze Pferd sich über die Anlehnung in Haltung bringt. Durchlässigkeit ist erst erreicht, wenn tatsächlich die Zügelhilfe über den Rücken auf die Hintergliedmaße wirkt. Natürlich ist das schon Teil der Reitlehre, die dies nicht sein wollte.

Nur ein Reiten, das Hinterhand, Rücken und Hals zu einem gleichmäßig gespannten elastischen Bogen formt, ist pferdeschonend und läßt uns bequem sitzen. Auch wenn alles andere einfacher ist und vieles andere auch funktioniert, sollten wir dieses Ideal anstreben.

Besonders beim im Rücken vorgeschädigten Pferd ist es erforderlich, daß der Rücken in keiner Phase des Reitens durchhängt oder verspannt wird. Ermüdet das Pferd, ist es Zeit aufzuhören oder eine Pause einzulegen, in der das Pferd ohne Gewicht und mit freier Halsbewegung Schritt geht und sich streckt und entspannt. Gegeneinander arbeiten von Pferd und Reiter setzt immer den Teufelskreis wieder in Gang.

Pferde, deren Wirbelsäule so stark verändert ist, daß ein Aufbiegen nicht mehr möglich ist, können nicht schonend arbeiten. Die einzige Möglichkeit besteht darin, das Pferd, wenn es keine Schmerzen hat, so gehen zu lassen, wie es sich anbietet. Die Bewegung des Halses sollte nach Möglichkeit gar nicht eingeschränkt werden.

Arbeiten mit dem rückenkranken Pferd kann man auf sehr viele Arten. Das reine Reiten ist bei weitem nicht die einzige Trainingsmöglichkeit.

Longenarbeit vor allem im Galopp trägt viel zum Muskelaufbau bei. Das Pferd kann frei am Halfter, ausgebunden oder mit Chambon, longiert werden. Je nach individuellen Gegebenheiten kann die Arbeit an der Doppellonge sehr gut eingesetzt werden. Die Arbeit auf der gebogenen Linie fördert die Tätigkeit von Hinterhand und Rückenmuskeln. Achten Sie darauf, den Zirkel nicht zu klein zu wählen.

Arbeit über Stangen sollte auf gebogener Linie erst nur im Schritt erfolgen. Unter dem Reiter kann zuerst die Arbeit an Schrittcavaletti die Trainingserfolge verbessern. Solche Schrittcavalettiarbeit sollte am Anfang nur für fünf bis zehn Minuten eingebaut werden. Hat man bereits einen gewissen Trainingseffekt erzielt, kann man ein bis zweimal pro Woche gut mit Schrittcavaletti und Trabcavalettiarbeit gymnastizieren.

Mit Stangen sind auch noch andere Gymnastizierungen möglich. Ein hingelegtes Stangen-L trainiert vor allem die Koordination beim Seitwärts- und Rückwärtstreten. Auch wenn es Spaß macht: nicht übertreiben.

Verschiedene Möglichkeiten der Bodenarbeit mit Hindernissen trainieren Muskulatur, Koordination und Vertrauen. Holen Sie sich Anregungen bei Trailwettbewerben. Auf dem Boden liegende Reifen, Planen, Stangen und Hindernisse wie Brücke und Wippe sind einfach herzustellen und helfen, solche Arbeit auch fürs Pferd interessant und abwechslungsreich zu gestalten.

Spaziergänge im Gelände fördern Ausgeglichenheit, Kondition und Entspannung. Gehen Sie alleine oder in Gesellschaft am besten länger als eine Stunde zügig spazieren.

Reiten im Gelände fördert Koordination und Ausgeglichenheit. Am langen Zügel muß das Pferd dabei viel balancierend arbeiten. Reiten Sie auf verschiedenen und auch auf unebenen Böden (Schritt natürlich). Rückentätigkeit und Balance werden sich automatisch verbessern. Bergaufreiten ist für das Training der Rückenmuskeln ideal. Haben Sie entsprechendes Gelände zur Verfügung, lassen Sie Ihr Pferd längere Strecken galoppieren. Gehen Sie in den leichten Sitz. Galopp bergauf hat einen guten Trainingseffekt. Wenn es möglich ist, reiten Sie durch Wasser.

Arbeiten an der Hand setzen das Pferd und versammeln es ohne Belastung durch Reitergewicht. Sowohl an der Hand wie auch mit dem langen Zügel lassen sich die Hinterhand und Rückenmuskulatur wunderbar trainieren. Seitengänge, Traversalen und stark versammelnde Lektionen wie die Piaffe helfen uns dabei, unser Pferd zu formen. Fortgeschrittene Pferde können auch in den Pilaren gearbeitet werden. Mit regelmäßiger dressurmäßiger Arbeit an der Hand bekommt unser Pferd eine schöne und tragfähige Oberlinie. Es wird ausdauernder und stärker.

Versammlung soll erst angestrebt werden, wenn das Pferd vom Ausbildungsstand soweit ist, daß es stärker gesetzt werden kann. Erst dann ist erfolgversprechende

Arbeit in der Versammlung möglich. Wie überall ist Geduld wichtig.

Mit diesen verschiedenen Ansätzen sollte es Ihnen möglich sein, Ihr Pferd im Alltag abwechslungsreich und aufbauend arbeiten zu können. Trainieren Sie auf zu erwartende Belastungen hin. Bleiben Sie geduldig und überfordern Sie Ihr Pferd nicht.

Kontrolle der Beine und des Rückens vor und nach jeder Arbeit hilft Ihnen, Fehler frühzeitig zu erkennen und Ihr Pferd optimal zu versorgen.

Einige Worte zum Schluß

Ich freue mich, daß Sie mir bis hierher gefolgt sind und hoffe, Ihnen einige Anregungen gegeben zu haben. Sollte ich Ihnen Erlärungen schuldig geblieben sein, fragen Sie nach.

Mit Ihren nun gewachsenen Erkenntnissen über Bau und Funktion Ihres Pferdes haben Sie die Möglichkeiten, sicherer abzuwägen, was für Sie und Ihr Pferd gut ist. Sehen Sie sich um und probieren Sie verschiedene Dinge einfach aus. Bleiben Sie aufmerksam für Veränderungen an Ihrem Pferd. Hören Sie hin, wenn es Ihnen etwas zu sagen hat, und versuchen Sie auch von Ihrem Pferd zu lernen. Harmonie entsteht nur zwischen zwei entspannten und einander zugetanen Partnern. Entspannung unter Schmerzen gibt es niemals. Weil gute Arbeit nur motiviert entstehen kann, sollten Aufgaben und Anforderungen angemessen gewählt werden.

Gutes Reiten verbessert Ihr Pferd. Richtige Arbeit macht es gesund, stolz und schön. Dieses Ziel dürfen wir nie aus den Augen verlieren.

Natürlich machen alle Fehler, das ist ganz normal. Pferde machen eine Menge mit und können Erstaunliches ab. Werden sie überfordert, haben sie unglaubliche, aktivierbare Selbstheilungskräfte.

Vertrauen Sie ruhig ab und an auf Ihr Pferd. Vielleicht ist es der bessere Mensch.

LITERATUR

Becvar, W.:
Wir heilen Pferde natürlich
Österr. Agrarverlag 1997

Britton, V.:
Gesundes Pferd
Müller Rüschlikon 1995

Bürger, U. und Zietschmann, O.:
Der Reiter formt das Pferd
FN Reprint

Dämmrich, K.:
Ein morphologischer Beitrag zur Biomechanik
der Thorakolumbalen Wirbelsäule und
zur Pathogenese des Syndroms sich berührender
Dornfortsätze bei Pferden
Pferdeheilkunde Vol. 5/93

Gerweck, G.:
So bleibt Ihr Pferd gesund und vital
Franckh Kosmos 1995

Gerweck, G.:
Der homöopathische Pferdedoktor
Franckh Kosmos 1996

Gundel, M. und Schatzmann, U.:
Rückenprobleme beim Pferd
Pferdeheilkunde Vol. 3/97

Hinrichs, R.:
Pferde - Tänzer an leichter Hand
Keno 1994

Jeffcott, L.B.:
Rückenprobleme des Athleten Pferd
Pferdeheilkunde Vol. 3 und 4/93

Jeffcott, L.B.:
The diagnosis of the horse back
Equine vet. J.; Vol 7

Jeffcott, L.B.:
Disorders of the equine thoracolumbal spine
Equine vet. S.; 2

Jeffcott, L.B.:
Back problems in the horse
Equine vet. J.; Vol 11

Nowak, M.:
Die klinische, röntgenologische und
szintigraphische Untersuchung bei den
sogenannten Rückenproblemen des
Pferdes
Pferdeheilkunde

Schürer, B.:
Zwischen Langeweile und Überforderung
Schürer, 1993

Snader, M.:
Pferde natürlich behandeln und heilen
BLV 1993

Winzer, H.J.:
Krankheiten des Pferdes
Parey

persönliche Tagungsberichte und Mitteilungen.